ちくま新書

経済学の思考軸

——効率

小塩隆士
Oshio Takashi

1791

はしがき

経済学や経済学者に対する世間一般の評判は、あまりよいものとは言えません。「市場メカニズムで何でも解決できると思い込んでいる」とか、「経済成長や財政のことばかり考えて、人々の幸せや福祉を軽視している」とか、散々です。

経済学は、資源や財源など与えられた制約の中で、どうすればうまくやりくりできるかという問題に絶えず直面し、解決策を導き出そうとします。そのため、そのような制約を無視あるいは軽視して導き出される解決策に比べると、経済学が提示する解決策は魅力に欠け、もの足りないものになる傾向があります。したがって、批判を受けるのは当然であり、経済学は初めから損な役回りを担っているといってよいかもしれません。

一方、経済学が答えを出すのに難渋する問題も少なくありません。例えば、「日本社会では格差が拡大している。何とかしないとダメだ」という意見をよく耳にします。しかし完全に平等な格差ゼロ社会を目指すべきだとまで主張する人はあまりいないはずです。それでは、どの程度の格差ならよいのか、と問いかけられると、答えるのに窮してしまいます。

この本では、経済学という学問がどのような〝ものの見方〟をするのか、それは人々の一般的な発想からズレているのか・いないのか、そして、そこにどのような限界があるのか、という問題を取り上げて議論していきます。大学で教えられ、教科書に説明されている内容を、議論を進める上での一応のベースとしますが、本書ではしばしば〝脱線〟し、むしろそちらのほうに力を入れたつもりです。授業でも、脱線した話のほうがあとあと記憶に残りますし、教えるほうも楽しいですからね。

筆者は、『高校生のための経済学入門』という本を、このちくま新書から刊行していま す。本書の位置づけは、その〝応用編〟〝発展編〟といったところでしょうか。ただし、経済学の知識がほとんどなく、親しみもあまりない一般読者にどのように受け止めていただけるのか、という点をつねに意識して話を進めたところです。そうすることによって、経済学特有の「思考軸」が理解しやすくなるのではないかと考えたからです。

本書の刊行にあたっては、筑摩書房の伊藤笑子氏に全面的にお世話になりました。深く感謝いたします。

小塩隆士

経済学の思考軸

——効率か公平かのジレンマ

【目次】

第2章 経済学の2本立て構造 059

イラストレーション＝ヤギワタル

第１章
出発点はあくまでも個人

1　個人か社会か

†〝葦の髄から天井を覗く〟経済学

経済学の出発点は、あくまでも個人です。例えば、「持っているお金をどのように使えば、私は最も幸せになれるか」――それが、話の出発点になります。もちろん、どうすれば世の中全体がよくなるかという問題意識も経済学にはあります。経済は、「経世済民」（世の中をよく治めて人々を苦しみから救うこと）に由来する言葉なので、経済学が最も重要な検討対象としているのは、まさしく世の中のはずなのです。ところが、大学などで教えられている経済学では、世の中のことを考える場合も発想の拠点となるのはあくまでも個人です。

経済学には、〝葦《よし》の髄《ずい》から天井を覗《のぞ》く〟的な側面が少なからずあります。世の中にあるさまざまな制度や政府が講じる政策に関しても、それがそれぞれの個人にとってどのような意味を持つかという発想で評価しようとする傾向が、経済学でモノを考える人たちにはあります。

そんなことは、経済学を知らなくても誰でもやっていることではないか、と思われるかもしれません。確かにそうです。しかし、私たちは、その制度や政策が自分にとってどういう意味を持つのかという点だけでなく、社会全体の〝有《あ》り様《よう》〟から見てどうなのか、という点も同時に考えます。

「私は、この制度をこのように考えている」と他人に説明する際、自分にとってどうなのかということより、世の中にとってどうなのかに力点を置いて話すのではないでしょうか。そのほうが、他人に納得してもらえるように思います。自分のことだけを話しても、他人が理解してくれるかどうかはっきりしません。むしろ、「自分のことばかり考えて、世の中のことはお前の頭の中にはないんだな」と批判されそうです。

しかし、「自分のことか、世の中のことか、あなたにとっては結局のところどちらが大事なんだ」と突っ込まれると、たいがいの人が、しぶしぶながら(?)やはり自分のことが第一だと答えるのではないでしょうか。それを自分中心主義だとか、利己主義だと非難することはできません。自分の利益のことをまず考えるのは〝人情〟といっていいからです。だとすれば、いっそのこと、自分にとっての幸せ、あるいはそれを一般化して、個人の幸せを議論の出発点に置こうではないか、というのが経済学の発想です。

なお、経済学ではその幸せのことを「効用」（utility）という言葉で表現することが普通です。utility とは有用性、利用価値といった意味です。どうして、この耳慣れない言葉をわざわざ使うのか、詳しいことを筆者は知りません。幸せは、ある財やサービスを購入し、それらを消費したり用いたりしてはじめて得られるものだと考えると、その財やサービスの有用性、利用価値、つまり、効用を幸せの度合いだと捉えてよいということなのかもしれません。本書では、幸せという言葉と効用という言葉を文脈に応じて使い分けますが、だいたい同じような意味だと考えていただいて結構です。

†経済学なんて、どうせ「市場原理主義」なんでしょ

経済学の概念や用語は日本の場合、高校の段階で「公共」や「政治・経済」の授業で少し顔を出しますが、本格的な勉強は大学に入ってからでしょう。そこでは、まず、個人が与えられた予算の中で、どのような買い物をすれば幸せ、つまり効用が最大になるかという問題を考えさせられます。企業についても、どのような生産活動をすると利潤（儲《もう》け）

が最大になるかを教えられます。そして、そのように自分たちの幸せや儲けを追求する個人や企業が「市場」という場で、「価格」という変数を通して取引することにより、世の中の資源は最適に配分されるという魅力的な話を耳にすることになります。

これが、アダム・スミス（Adam Smith, 1723-90）による有名な「神の見えざる手」の説明です。個人や企業によるあくまでも利己的な行動が、市場メカニズムを通じて世の中に大きな幸せを保証するというわけですから、経済学を学ぶ価値をそこに見出す人は多くいるはずです。

ここで、注意すべき点が3つあります。第一に、市場が世の中全体を幸せにすると言っても、市場ができるのは限られた資源を最も効率的に配分すること――そのことに限られます。「効率的」という言葉はやや難しいですが、必要な人に必要なだけ無駄なく行き渡っていることと、大まかに理解しておいてください。

それと同時に、市場が世の中のあらゆることを解決できる、すべてを市場に任せるべきだという「市場原理主義」が経済学の考え方だと誤解しないでください。市場ができるのは、あくまでも効率的な資源配分だけです。もっとも、市場メカニズムの優れた面を指摘するのは経済学ぐらいなので、経済学を市場原理主義だと考える単純な誤解が後を絶たないのも無理はありません。ただし、市場メカニズムに関する教科書的な説明に基づく主張に、つい力を入れてしまう経済学者や評論家は世の中には結構いるもので、いちがいに誤解とは言えないように思います。

第二に、市場は万能ではなく、しばしば「失敗」します。その失敗を是正するために政府が登場します。経済学の授業でも、市場メカニズムの話に続いて、政府が果たすべき役割についていろいろ教えます。

この第二の点は、本書でも第3章で改めて取り上げますが、例えば、次のような状況を考えます。財やサービスが市場で取引されるためには、売り手と買い手との間で、その財やサービスに関する情報が共有されていなければなりませんが、実際にはそうでない場合も少なくありません。売り手のほうが情報を多くもっており、買い手が不利な立場に立たされることもあります。また、図書館などの公共施設は、そこから得られる便益を独り占めできないので、建設しようと思っても、費用を出し渋る人が多くてお金が足りないのが一般的でしょう。こうした場合には、市場メカニズムに任せてはまずそうです。こうした問題を解決するために登場し、市場に介入するのが政府だと説明されます。

しかし、そこでも政府はあくまでも〝脇役〟と位置づけられていることに注意してください。経済学は、政府がやるべきことだけをきちんとやってくれれば、市場は本来の優れた役割を果たすはずだと期待します。政府がリーダーシップをとって世の中をよくするべきだという考え方には、経済学は伝統的に冷ややかです。

私たちは、世の中をよくすることは政府の責任だと考え、政府にいろいろ注文を付けるのですが、経済学はむしろ、政府の介入を嫌がります。どうしても政府がリーダーシップをとらざるを得ない場合も、中央集権ではなく地方分権のほうが望ましい、つまり、意思決定は個人や企業に近いほうがよいという考え方をします。

†個人間の幸せはどうやって比べるのか

ところが、ここでやや深刻な問題が出てきます。個人の幸せを議論の出発点にするとしても、異なる個人どうしの幸せをどのように比較するか、という問題です。これが、第三の注意すべき点です。この問題を解決しないと、社会全体の幸せの総量(?)を集計できません。したがって、経済の状況が変化したときに、社会が全体としてよくなったのか悪くなったのか、評価しにくくなります。

この問題に対して、経済学は伝統的に次のように考えます。状況が変化する前に比べて、世の中を構成する誰一人としてアンハッピーにならないで（効用が低下しないで）、少なくとも1人がハッピーになった（効用が高まった）ときに、世の中はよくなった、と評価するわけです。こうした変化を**「パレート改善的」**（Pareto improving）といいます。

この評価基準は保守的というか、控え目です。Aさんの幸せの度合いが高まり、Bさんの幸せの度合いが低下したとき、世の中がよくなったかどうかの判断を経済学はとりあえず保留します。そして、Aさんがよりハッピーになっても、Bさんがアンハッピーにならなければ、あるいは、Bさんがよりハッピーになっても、Aさんがアンハッピーにならなければ、社会はよくなったと判断します。よりハッピーになるのは金持ちでも貧乏人でも構いません。貧乏人が貧乏のままでも、金持ちがより金持ちになれば世の中はよくなった、と評価するのです。

こうした考え方に、ついていけないと思う人も多いのではないでしょうか。常識的なモノの考え方をする人であれば、金持ちだけがよりハッピーになっても、貧乏人がそのままだったら、世の中はよくなっていないはずだと判断するでしょう。しかし、経済学は、よくなっているとひとまず判断します。

どうして、このような判断を経済学は下してしまうのでしょうか。異なる個人どうしの

財
10 9 8 7 6 5 4 3 2 1
財
4 3 2 1
ハッピー
5
変化なし
社会は良くなった！
＝パレート改善的

間では幸せを比較しないという約束を、初めにしているからです。私たちは通常、金持ちがよりハッピーになるより、貧乏人がよりハッピーになるほうが望ましいと考えがちですが、それは金持ちよりも貧乏人の幸せのほうが大事だと判断しているためです。経済学は、そうした価値判断をひとまず脇に置いた上で、理論を展開するのです。そうすると、パレート改善的といった概念を登場させるしかありません。

†経済学の危険な(?)「二分法」

ここまで読んでいただくと、「経済学は、なんと非情な学問なんだ。血も涙もないではないか。経済学者のいうことに共感できないのも当然だ」と感じる人がいるかもしれません。しかし、ちょっと待ってください。経済学は、ここで話を終えるわけでは決してありません。〝血も涙も〟しっかりあるのです。経済学は、ここからさらに話を進めます。この点は重要なので、また、誤解されている面もかなりあるので、章を改めて詳しく議論します。

ただし、話を少し先取りして説明すると、**経済学は2本立て構造になっています。つまり、世の中にある限られた資源をどれだけ効率的に配分するかという「効率性」という評**

価軸と、その資源を世の中で困っている人たちにできるだけ多めに配分し、格差を小さくするという「公平性」という評価軸とを持っています。大学の授業などでは、この2本の評価軸のうち効率性のほうに力を入れて話を始め、公平性のほうは後回しにする傾向があります。しかし、経済学の議論の進め方が2本立ての構造になっていることはもっと知っておいていただきたいところです。

さらに言えば、効率性の問題を最初に片づけて、その後で公平性の問題に取り組むべきだとか、あるいは、効率性の問題さえ解決できれば、公平性の問題はなんとか解決できる、という想定(思い込み?)も、残念ながら巷《ちまた》の経済論議ではよく耳にします。経済学者の中にもそのように考える人たちが少なからずいます。本来であれば、効率性の問題と公平性の問題とは密接に関連し合い、切り離しては議論できない性格のものなのですが。

実際の経済政策をめぐる議論でも、「政府がまず取り組むべきなのはデフレ克服、景気回復だ。政府の活動に必要な財源は、経済が成長経路に戻れば増収で確保できる」という主張をよく耳にします。こうした主張にも、経済学の二分法的な発想が顔を出しています。そして、二分法といっても、効率性のほうが前面に出がちなのです。

†評価がわかれるアベノミクス

かつて安倍晋三政権下で展開されたいわゆる「アベノミクス」については、格差拡大をもたらしたという批判をよく耳にする一方で、デフレが最悪期を脱して雇用が大幅に拡大し、所得がしっかり増加した実績があるのだから、うまくいったと肯定的に評価すべきだという意見も有力です。後者の主張につながる考え方は、アベノミクスを始める当初に、景気回復をまず進め、成長を軌道に乗せて、その成果を国民に広く均霑《きんてん》すべきだという、いわゆる「トリクルダウン説」として姿を現しました。トリクルダウンとは、利益や成果が「滴《したた》り落ちる」ことを意味する言葉です。

筆者自身は、このトリクルダウン説の妥当性は、まさしくトリクルダウンという形で景気回復の成果が国民各層に広く均霑し、格差是正につながったかを見極めることによってはじめて評価すべき性格のものだと考えます。しかし、必ずしもそこまで見極めずに、アベノミクスを肯定的に評価する声が少なくありません。「デフレが最悪期を脱したのは、誰のお陰なのか。まずそれをプラスに評価せよ」と。

筆者はアベノミクスの成果を否定するつもりはありませんし、そもそも格差が拡大したという事実も統計上きちんと確認できないのです。少なくとも、アベノミクスが原因で格差は拡大したという、よく耳にする言説にはしっかりとした根拠がありません。しかし、アベノミクスをプラスに評価する人たちの議論の仕方を眺めていると、効率性の問題を解決すれば、公平性の問題は解決できると期待しがちな、経済学特有の発想に潜むバイアス(偏《かたよ》り)に影響を受けているような気がしてなりません。

一般的な人々の関心事項は、景気が回復したかどうかだけではありません。所得が伸びずに生活に困っている人が相変わらずいること、「子供の貧困」といった問題が容易に解消しないこと、そうした公平性に関わる問題も同時に、あるいは景気の問題以上に気にしているのです。そういう人たちにとって、アベノミクスによる景気回復の成果を強調する人たちの声は心にあまり響かないのではないでしょうか。

†関連する2つの奇妙な概念①——「パレート効率的」

筆者はここまで、パレート改善という経済学ならではの考え方を紹介してきました。復習すると、状況が変化する前に比べて、世の中を構成する誰もがアンハッピーにならないまま、少なくとも1人がハッピーになったときに、世の中はよくなった、と判断するという決まりです。このパレート改善に関連する2つの概念を、参考までに説明しておきましょう。いずれも、経済学特有の発想と言えます。

第一は、**「パレート効率的」**（Pareto efficient）という概念です。これは、すでに登場したパレート改善的という概念と関係していますが、少し違います。パレート効率的は、世の中の誰についても、その人をよりハッピーにするためには、その他の少なくとも1人をアンハッピーにしなければならないという状況を描写した言葉です。世の中にある資源を人々に配分した結果、社会がパレート効率的であれば、そうした資源配分はうまくいっている、つまり、「効率的である」と解釈するわけです。そして、ほかの人に迷惑をまったくかけないで、その人をハッピーにすることができるのであれば、現在の資源配分には改善の余地がある、すなわち、非効率的だと考えます。つまり、パレート効率的な状況とは、パレート改善的になる余地がない状況といえるでしょう

この概念自体は、それほどおかしなものではないでしょう。しかし、経済学の考え方に慣れ親しんでいないと、反発を感じるかもしれません。極端なケースとして、世の中が金持ちと貧乏人の2人で構成され、当然ながら、金持ちのほうがたくさんお金を持っている状況を考えましょう。そして、貧乏人をよりハッピーにするためには、金持ちから貧乏人

誰かをハッピーにするには、
誰かをアンハッピーにしなければ
ならない ＝パレート効率的

にお金を渡すしか方法はないと仮定します。このとき、その所得移転の結果、金持ちは手持ちのお金が減るのでアンハッピーになります。したがって、右に示した整理の仕方によれば、金持ちと貧乏人との間の、だれが見ても不公平なお金の分配状況であっても、それはパレート効率的だということになります。

読者の皆さんは、この説明をどう受け止めるでしょうか。たしかに、2人に配分されずに残っているお金はないので、配分の仕方に無駄がないという点では効率的と呼んでもよいとは思いますが、心情的にはやはり納得できないところがあるのではないでしょうか。これも、異なる人どうしでは幸せを比べない、そして、効率性と公平性を別立てで考える、経済学特有のアプローチの仕方を反映するものと言えます。

†関連する2つの奇妙な概念②――「補償原理」

第二は、言葉は少し難しいですが、「補償原理」という考え方です。パレート改善的という言葉の意味はすでに説明した通りですが、1人あるいは数人がハッピーになって、ほかの人に変化がないという状況は、あまり現実的とはいえません。むしろ、ハッピーになる人とアンハッピーになる人がともにいる場合のほうが多いでしょう。そのとき、そうした変化をパレート改善的かどうか判断することはできません。

これだと話が先に進まなくなるので、次のように考えてみるのが補償原理の考え方です。つまり、その変化によってハッピーになった人が、アンハッピーになった人に対して所得を少し譲り分けたと想定しましょう。このように所得を譲り分けることを、経済学では所得補償といいます。

そして、その所得補償が行われた後も、もともとハッピーになっていた人が変化前に比べればまだハッピーであり、変化前にアンハッピーだった人は変化前よりハッピーになったとします。このとき、この変化は社会に望ましいと経済学は考えるわけです。つまり、変化によって利益を得た人が、損失を受けた人の損失を十分に補償しても、まだ利益が自分の手元に残っていれば、その変化は望ましいとみなしてよいと判断します（これを、「カルドア基準」と言います）。

ちょっとわかりにくいかもしれないので、簡単な例を考えましょう。最初に、Aさんは100万円、Bさんは80万円持っていたと想定します。経済に変化が起こって、Aさんの所得は130万円、Bさんの所得は70万円になったとしましょう。Aさんの所得は30万円増え、Bさんの所得は10万円減ったので、この変化はパレート改善的とは言えません。ここまでは、理解していただけると思います。

しかし、Aさんが、増えた所得の30万円のうち20万円をBさんに譲ったとすると、どうなるでしょうか。Aさんの所得は１１０万円、Bさんの所得は90万円になります。変化が起こる前はそれぞれ１００万円、80万円だったので、この所得補償が行われた後の状況を見ると、２人とも変化の前に比べたら所得は増え、ハッピーになっているはずです。したがって、補償原理の考え方に基づけば、この変化は望ましいと評価できることになります。

補償原理にはほかにも幾つかのタイプのものがあり、詳細は経済学の教科書の説明に任せます。ポイントは、何らかの状況の変化があったときに、利益を受けた人が得た利益を再分配し、誰もがよりハッピーになれる余地があるのであれば、その変化は望ましいとする理屈です。

この補償原理はそれ自体としては魅力的ですが、筆者は「話半分」と受け止めてよいと考えます。**補償原理の中で考えられている所得のやり取りは、あくまでも「仮想的」なものであり、実現するかどうかは問題にしていない**からです。所得補償には〝絵に描いた餅〟のようなところがあります。読者の皆さんも、右の例を読んでいて、「確かに理屈はその通りだが、Aさんはわざわざ自分の得たお金を、喜んでBさんに渡すだろうか」と疑問に思ったはずです。Aさんがそこまで気前のよい人である保証はどこにもありません。

その点こそが、補償原理が抱える最大の問題点だと考えてよいでしょう。例えば、アベノミクスにかかわるトリクルダウン説は、この補償原理の考え方を使えば正当化できそうですが、所得補償がうまくいけば、という厳しい条件が付きます。そして、その条件が実際に満たされるかどうかはきわめて不透明なのです。

なお、この補償原理に関しては、話が専門的になるのでここでは詳しく述べませんが、考え方そのものに理論的な問題が含まれていることもわかっており、多くの理論的研究が進められています。

†「まず経済成長を」と考えてしまう経済学

補償原理の考え方は、パレート改善的、パレート効率的といった概念と結びついて、「まず経済成長を」と、経済成長を優先する発想に結びつきやすい性質を持っています。とにかく経済全体のパイ（取り分）が大きくならなければ、経済が抱えるいろいろな問題を解決できないではないか、という発想です。この発想は、言われてみればその通りなのですが、ずいぶんと楽観的です。

しかし、実際には、私たちはこの考え方をかなりの程度受け入れています。経済全体の規模を示す国内総生産（ＧＤＰ）という尺度は、経済を構成するすべての人々が得た所得の総額です。そのＧＤＰの変化率が経済成長率ですが、私たちは、当然ながらその経済成長率が高いことを望ましいと考えます。経済全体のパイが大きくなるので、国民全体でその成果を分かち合う余地が出てきたと考えられるためです。その考え方はもちろん間違っていませんが、あくまでも成長の成果を分かち合う余地が出てきたと考えられるだけで、そのパイが実際に国民全体を幸せにするかどうかは別の問題なのです。

その一方で、経済成長を追求する意義を否定することが間違っていることも明らかでしょう。経済成長なしで国民を豊かにすることには大きな無理があります。所得再分配は重要ですが、それによって経済に大きな負担がかかるとすれば、それも問題になるからです。これは、抽象的に言えば効率性と公平性とのバランスをどのようにつけるかという問題になります。

効率性を前面に出すのは経済学者ぐらいであり、一般の人はむしろ公平性に力を入れるので、議論がすれ違いがちになるのも無理はありません。これは極めて重要なテーマなので、第2章で改めて取り上げることにしましょう。

2　経済学の発想でどこまで突っ走れるか

†経済学が夫婦別姓に賛成する理由

前節で説明したような、議論を個人から始めるという経済学のアプローチは、社会の姿を解明する場合、その社会を構成する元素である個人の行動メカニズムをまず調べてみようという、還元論あるいは原子論的な考え方が反映されているように思います。もっとも、最近では、経済学の中でも社会そのものを分析対象とする動きも強まっており、議論が個人単位で完結しているわけでは必ずしもないようですが。

筆者は、思想史の専門家ではないのでこれ以上深追いしませんが、経済学的な発想をする人とそうでない人との間での議論の〝すれ違い〟は、こうしたところにも原因があるのではないかという気がします。

このようなすれ違いは、具体的にはどのようなところに現れているでしょうか。経済問題以外のところでも少し顔を出しているようです。ここでは、夫婦別姓——正確には、「選択的夫婦別氏《べつうじ》制度」と言うそうです——に対する考え方を取り上げてみましょう。

職業柄か、筆者の周りには結婚後も旧姓のまま通している女性の研究者が増えています。経済学にとっては、夫婦別姓はそれほど興味がわくテーマではなく、家族法などの法学、あるいは家族社会学などの社会学で議論されるべき話題でしょう。しかし、あえて経済学者に、夫婦別姓をどう考えるかを尋ねると、どのような答えが返ってくるでしょうか。

夫婦別姓に対しては、経済学者は肯定的に受け止めるはずです。そのために、経済学者はどのように説明するでしょうか。彼らの頭にまず浮かぶのは、前節で説明したパレート改善的という概念だと思います。

夫婦別姓が認められた場合、夫婦別姓にすることを望んでいたカップルは、それが実現できてハッピーになるでしょう。一方、夫婦別姓にしたくないカップルは、夫婦別姓が認められたとしても、同姓のままでよいと考えるはずです。彼らは何の行動も起こさず、幸せの度合いにも変化はありません。

このように、夫婦別姓は世の中の誰も不幸にしないまま、少なくとも一部の人をハッピーにするわけです。こうした変化は、まさしくパレート改善的です。そのため、夫婦別姓は社会的に望ましいと経済学は判断するはずです。実際、そのように主張する著名な経済学者の話を耳にしたことがあります。

しかし、このパレート改善という概念を持ち出した経済学的な説明に、夫婦別姓に反対する人々は納得するでしょうか。おそらく、理解はしても納得はしないでしょう。彼らにとっては、結婚したカップルが別の姓を名乗れるという社会の仕組みそのものが気に食わないのです。自分が夫婦別姓にしたくないのは、言うまでもありません。他人も夫婦別姓にしては困る、許さない、と考えるわけです。

夫婦別姓に関して否定的な人たちが問題にしているのは、夫婦の姓に関するまさしく世の中の有り様なのです。個人の幸せの問題に還元できるような性格のものでは決してありません。また、夫婦別姓に賛成する人たちも、夫婦別姓を必ずしも個人の問題としてではなく、それを認める世の中か、そうでない世の中のどちらがよいか、という世の中全体の有り様に関する判断を、漠然とした形であったとしても下しているはずです。

世の中の有り様を考えている人々にとっては、パレート改善云々という経済学的な説明は、理屈としてはいちおう理解できても、心情的には受け入れられないはずです。夫婦別姓を是認するか否かという問題は、個人をベースに考えるか、社会をベースに考えるかによって議論がすれ違う好例といえるでしょう。

†社会保障を「リスク回避」から考える経済学

次に、医療・介護や年金など社会保障について考えてみましょう。

私たちにとってなぜ社会保障は必要なのかという議論をする場合、経済学は「リスク回避」という考え方を持ち出します。私たちが社会生活を送る場合、さまざまなリスクに直面します。病気になったり、要介護状態になったり、老後の蓄えが底をつき生活できなくなったりするリスクがそれです。私たちは、そのリスクを回避したいと思います。そうした人たちの性格をリスク回避的と言います。

そして、そのリスクに備えるために、社会を構成する人々が少しずつお金を出し合っておき、リスクが実際のものになったときに助け合うために、医療保険や介護保険、公的年金という社会保障の仕組みがあるというのが、経済学によるオーソドックスな説明です。

つまり、社会保障は、リスク回避的な個人によって要請され維持されている仕組みだ、というのが経済学からの説明です。それ自体は理に適《かな》った説明だと言えますし、あえて反対する人はいないでしょう。しかし、重要なのは、そこでの出発点があくまでも個人だという点です。したがって、社会保障がうまく機能しているかどうかを評価する場合も、リスク回避のためにお金を支払っている個人から見て、受益と負担のバランスがとれているかどうかという点が、無視できないチェック・ポイントとして位置づけられます。

ところが、経済学以外の立場からアプローチする、社会保障の専門家の受け止め方はどうでしょうか。もちろん、社会保障はリスク回避のための仕組みだ、という説明そのものを否定する人はあまりいないと思います。しかし、それだけで社会保障という世の中の大事な仕組みを語ってもらっては困る、と反発する人は多いのではないでしょうか。

†「社会連帯」という言葉は経済学の教科書に出てこない

困ったときにはお互いに助け合う、それによって社会を構成する人々が、ともに手を携えて生きていくという連帯意識を持つ――そうした「社会連帯」こそが重要であり、社会保障はその社会連帯にとっての中核的な手段なのだという説明もよく耳にします。そして、そうした説明は一定の説得力を持っています。ところが、この社会連帯という概念は経済学の教科書には出てきません。経済学にとってあまり興味のない、まさしく世の中の有り様に関わる概念だからだと思います。

しかし、社会保険をはじめとするさまざまな社会保障の仕組みによって、リスクを回避できるという、経済学が持ち出す理由だけではなく、みんなで助け合って生きているんだという意識をもつことによって、私たちが満足感や安心感を抱く面もあるはずです。また、雇用環境が不安定なために社会保険に加入していない人たちにとっても、リスクを自分で背負わなければならないという状況だけでなく、社会から仲間外れにされているという状況が、心理的な負担になっているように思います。

筆者は、社会保障という仕組みを社会連帯という観点からのみ捉え、個人レベルの問題を軽視したり無視したりする考え方には賛成しません。というのも、個人が合理的に——つまり、負担と給付のバランスが大きく乖離《かいり》しない形で——、持続可能な形でリスクを回避できているかという点は、社会保障の仕組みを評価する重要なポイントだと思うからです。「社会保障は社会連帯の仕組みなのだから、給付と負担という損得勘定なんかを持ち出すのは筋違いだ」というのは、あまりにも情緒的な考え方だと思います。

それと同時に、社会連帯が私たちの心情に強く訴えかけ、それなりの説得力を持っている概念であることも否定できません。経済学が、リスク回避という個人レベルの問題を超えて、社会全体の有り様という観点から社会保障の役割に分析のメスを入れていない点は、やはり経済学的なアプローチの限界と言えるでしょう。

†制度を逆手にとった行動――年金とモラル・ハザード

夫婦別姓の在り方や社会保障の存在意義をめぐる以上の議論は、個人を議論のベースに据える経済学特有の発想が、一般的な考え方とずれてしまうケースに関するものでした。今度は、それとは逆方向の話をしましょう。つまり、政府――あるいは社会を構成する人々、と言ってよいかもしれません――が社会全体のことを考えて、よかれと思って導入した仕組みが、本来の趣旨に反する個人の行動を生むという状況、すなわち、「モラル・ハザード」について考えてみます。

モラル・ハザードは、ときどき「道徳の欠如」と訳されますが、これはちょっと行き過ぎた訳語だと思います。既存の制度を自分の都合で読み替えたり、自分の利益のために利用したりすることは、決して批判すべき行動だとは思いません。感心できる行動とはいえませんが、経済学的に見ると――経済学的に、とわざわざ断る必要はないかもしれませんが――極めて合理的な行動です。モラル・ハザードという言い方が悪ければ、制度による誘因（インセンティブ）効果とか、制度による行動変容というように、中立的なニュアンスを持たせて呼んでもよいでしょう。ようするに、人情なのです。

さきほどは社会保障の話を取り上げましたが、ここでは公的年金について考えます。公的年金は本来、高齢になって働けなくなり、生活費が不足して困るというリスクに備えた仕組みです。しかし、実際には、年金を受給できるからあくせく働くのはやめにしようと考える人のほうが多いはずです。60歳代になると、若い頃に比べると疲れやすくはなっていますが、働くうえで大きな支障が生じるほどではありません。しかし、年金をもらえるのであれば、働かずに年金生活に入ったほうが楽だと考えるのは、それこそ人情です。批判すべき筋合いものでは決してありません。

ところが、こうした人々の行動変容は、公的年金が狙っていた本来の趣旨とは正反対のものです。公的年金は、高齢のために働けなくなり、所得が得られなくなるリスクに備えるための仕組みなのに、実際には、公的年金を受け取れるからこそ（働ける体力も意欲も十分あるのに）働くのを辞めるという行動が普通になるからです。個人の行動を議論の出発点に持ってくると、公的年金は働くことにまさしくブレーキをかける仕組みだということになります。

実際、経済学の分野では、年金受給が高齢者の就業意欲をどこまで引き下げているかが、統計を用いて実証する重要な研究テーマと位置づけられています。高齢者の就業がどうなるかは、公的年金を中心とする高齢者向けの社会保障制度の評価に関わるだけでなく、経済全体の供給能力にとっても大きな影響を及ぼすからです。

†働くと年金が削られる仕組みは正当化できるのか

年金受給と高齢者就業との関係については、ややテクニカルなテーマになりますが、「在職老齢年金」という仕組みが取り上げられることがあります。これは、年金を受給しながら働いて賃金を得ている場合、年金と賃金との合計額が一定の値を上回ると年金額が削減されるという仕組みです。

この在職老齢年金は、社会全体から見ればとても合理的な仕組みといえるでしょう。公的年金はもともと、高齢になって働くことが難しくなり、十分な所得が得られなくなるリスクに備えた仕組みです。だとすれば、高齢になっても働き続けることができ、実際、高い賃金を得ている人に年金を支給するのは公的年金の在り方として是認できないという主張が出てきて当然ですし、説得力もあります。また、在職老齢年金の仕組みで年金が削られそうな人の多くは高所得の人たちでしょうから、そうした人たちの年金を少し削り、困っている高齢者の支援に回せるとしたら、所得格差の是正という観点から見ても、悪い話とは思えません。

その一方で、年金を受給している個人から見れば、働けばそれだけ年金が削られるということはありがたい話ではないでしょう。「私はまだまだ働けるのに、働いたら年金を削るというかたちで、私たちに働くことをあきらめさせる、あるいは控え目にさせることを政府は推奨しているのだな」と受け止める人が出てきてもおかしくありません。さらにいえば、政府はいろいろなところで高齢者にもっと働いていただきたいと言っているのに、働いたら年金を削るというわけですから、言っていることが矛盾しています。

このように、在職老齢年金の在り方をめぐっては、社会全体の観点から考えるか、個人をベースにして考えるかで、評価がだいぶ違ってきます。いずれか一方の観点が正しく、他方の観点が間違っているというわけではありません。しかし、観点の違いによって議論がかみ合わなくなる可能性が出てくる点には注意が必要です。

†個人の反応の仕方もポイントに

公的年金以外についても当てはまることですが、**政府が制度を導入したり見直したりす**

る場合、個人がそれにどのように反応するかという点をしっかり念頭に置く必要があります。生活保護も、その例としてよく引き合いに出されます。

生活保護は、すべての国民に最低生活を保障するためのきわめて重要な仕組みです。一定の所得水準を最低生活に対応する基準額としたうえで、得られた所得がそれを下回ればその不足分を生活扶助として支給します。これによって最低限度の所得が保障されます。

いま、生活保護の受給者として生活扶助を例えば毎月10万円受けている人が、先月より仕事に精を出して収入が1万円増えたとしましょう。そうすると、生活扶助の金額は1万円にかなり近い分を差し引かれ、9万円ちょっとになります。これは、社会全体から見れば合理的な仕組みです。この人は1万円分だけ収入が増えたので、その分だけ支援する必要がなくなりました。したがって、生活扶助をそれだけ削減するのはほかの人と比較しても公平な対応だと言えます。

しかし、生活保護を受けている人から見ればどうでしょうか。頑張って収入を1万円増やしても、その大部分が生活扶助の削減という形で政府に持っていかれるとすれば、「何のために頑張って働いたのか」という思いがつのります。そんな思いをするくらいなら、生活扶助を削減されずにそのまま受け取る生活を続けようという気持ちにもなります。こうした気持ちを制度の悪用だ、不誠実な姿勢だと決めつけるわけにはいきません。個人の行動としてはきわめて合理的だからです。経済学的にも正当化できますし、ここでも人情だと言い換えてもいいでしょう。

生活保護は最低限度の生活を保障する仕組みですが、あくまでも緊急避難的な〝最後の拠り所〟であり、できるだけ早く自立してもらうことも同時に狙っています（生活保護法第1条）。しかし、生活扶助の仕組みは、たしかに社会全体から見れば合理的で公平な仕組みではあるものの、個人の生活保護に対する依存度を強め、いつまでたっても自立できない〝貧困の罠《わな》〟に陥らせる危険性を持っています。

この貧困の罠は、いわゆるモラル・ハザードの典型例です。こうした問題を考える場合、個人の経済行動の決定要因を理論的に、また、実証的に分析することが仕事の中心になっている経済学の知見を活用することが有益だと思います。実際、この問題と関連して、生活保護を受給している人たちの職業訓練に対する支援が、就業にどの程度役立ったかという点についても、統計に基づいた研究が進んでいます。

†個人はどこまで合理的なのか

さて、ここまで本書の話に付き合ってくださった読者の中で、次のような感想を持つ方はいないでしょうか。つまり、「個人が自分の効用を最大にするという経済学の想定は、一応は納得できる。しかし、私たちは本当にそんなことを思って行動しているのだろうか。自分の生活を振り返ってみても、私たちはずいぶんといい加減で、場当たり的な行動を繰り返し、後悔することのほうが多いのだが」、と。

確かに、私たちは自分のためにいろいろ買い物をし、将来のことを考えます。しかし、自分でもおかしいと思うような行動をしてしまうことがしばしばあります。ところが、**経済学は基本的に、人々は合理的に行動すると想定します。そうしないと、話を個人の行動から始めて社会の問題に広げていくという、経済学の基本的な構造が崩れかねないからです。**その理論構造をさらに強固にするため、経済学は面倒な数学を駆使します。合理的な行動は、数学によってきれいに描写されるからです。

ただし、私も大学教員の端くれですが、授業で経済学を教えていて、「これは、いくらなんでもウソだろ」と思っているテーマが幾つかあります。その代表例は、「ライフサイクル仮説」です。この仮説を簡単に紹介すると、次のようになります。すなわち、個人は、生涯にわたる効用を最大化するために、どのように働き、どのように消費行動を行うかを決定している、という考え方です。

しかし、自分の経験からいっても、若いときに老後のことまで考えて働き方を決め、買い物をするなんてことは絶対にありません。行き当たりばったりもいいところです。もちろん、ライフサイクル仮説が統計上まったく当てはまらないわけではないし、社会保障などの制度の在り方を評価するうえで重要な示唆も得られます。とはいえ、あまりにも合理的な人間像を想定するのもどうか、と思いながら私は授業を行っています。前述のように、合理的な個人を想定すると、議論を理論的に見て美しい形で展開できます。それ自体は魅力的な作業で、知的な満足感を得られることも事実です。しかし、私はあまり信用していません。

そのほか、経済学の中には、結婚や出産・子育て、さらには脱税や犯罪にいたるまで、その意思決定を経済学の手法で解明する研究領域もあります。私もそうしたテーマで研究論文を何本か書いていますし、大学院の授業では、なんと脱税の行動メカニズムまで経済学の理論モデルで説明しています（もちろん、脱税を推奨してはいませんが）。ですから、偉そうなことはまったく言えないのですが、「こんなのウソだろ」と思っているところが少なからずあります。

ただし、経済学の中でも新しい動きが見られます。人々の行動を合理的だとあらかじめ想定するのではなく、実際のデータに基づいてできるだけ率直に分析し、その癖《くせ》やバイアスを見出すことに力を入れる「行動経済学」という研究分野が脚光を浴びています。日本でも、この分野の研究成果が加速度的に蓄積されています。それと並行して、自然科学と同じような手法で実験を行い、その結果に基づいて人々がどのような行動をとるかを探るという「実験経済学」という研究分野も確立しています。

3　経済学で「幸せ」を語れるか

脇に置かれてきた「幸せ」

経済学は、個人が幸せ——経済学の用語でいえば「効用」——をどのようにすれば高められるかという点から話を始めるということは、第1節で説明しました。ところが、不思議なことに、その幸せそのものの分析を経済学は脇に置いてきたのです。

もちろん、経済学では幸せを効用という言葉で表現し、効用をできるだけ高めることをきわめて重要な問題として位置づけています。教科書でも、各個人が限られた資源の中で、自分の効用を最大にするためには、どのような消費行動が望ましいかという話をよく取り上げます。経済学部の学生であれば、例えば、財布の中に千円札があるとき、1個100円のリンゴと1個50円のミカンをそれぞれ何個買えば効用が最大になるか、という問題を解かされるはずです。

その場合、個人の効用は購入したリンゴとミカンの個数で決まるのですが、どのようにして決まるかは、まさしく適当に想定されています。なかには、リンゴは好きだけれどもミカンは嫌いだという人もいるでしょうから、その人の効用の決まり方は、ミカンのほうが好きな人とはおそらく異なるでしょう。しかし、そのあたりを深く考えると話が先に進まないので、効用の決まり方を「効用関数」という形で仮置きしたうえで、いろいろな結論を導くというアプローチがとられます。

それと同時に重要なのは、問題となる効用が何を単位にしているのかよくわからないという点です。単位が決まっていれば効用を他人と比較することができますが、比較しないというのが経済学の約束なので、その約束を破ることになります。それもあって、効用の単位は曖昧なところを残しているのでしょう。

経済学の教科書で学ぶのは効用そのものではなく、どのような買い物をすればその効用を最大にできるかという条件です（経済学を勉強したことのある人なら、その中身をなんとなく覚えていると思いますが、その詳細な説明はここでは省略します）。肝心の効用とはいったいどのようなものなのか、真っ向から議論することはあまりありません。効用を最大化する個人の行動に関心があるのに、その効用そのものについては議論の脇に置かれているというのは、経済学に慣れ親しんでいない人間からすると不思議な話です。

なお、ここで書くと話が混乱してしまうのですが、実は、経済をめぐる世の中の議論の多くは、効用を他人と比較しないという経済学の約束を破ったまま行われているのです。第1節でも少し言及したGDPはまさしくその代表例です。GDPを作成する担当者は、それぞれの人の効用をその人が得た何万円という所得で測り、しかもそれを単純に足し合わせています。そこでは、個人どうしの効用が比較できることを暗黙の想定にしています。さらに言えば、10万円という所得は、5万円という所得から得られる幸せの2倍の幸せを人々にもたらすと想定されていることになりますが、よく考えるとこれもおかしな話です。

†「幸せ」そのものに向き合う経済学

しかし、近年では、経済学の中で「幸せ」そのものを分析の対象としようとする動きが出てきています。ここでの最大の問題点は、そもそも曖昧で具体的に表せない幸せなるものをどのように捉えるかです。幸せはフトコロにどれだけのお金があるかで決まりそうですが、「幸せはお金で決まるわけではない」という言葉をよく耳にします。また、お金がたくさんあるとうれしくなりますが、お金が増えていくと、そのありがたみの増え方は弱まるように思います。それを考えると、所得をそのままの形で効用として解釈するわけにはいきません。

こうしたやや面倒な問題を回避するために——というか、あまり深刻に考えずに——、幸せの度合いを直接尋ねるという方法がしばしば用いられます。具体的には、「あなたはどのくらい幸せですか。次から選んでください——(1)不幸せ、(2)どちらかというと不幸せ、(3)普通、(4)どちらかというと幸せ、(5)幸せ」といった質問をします。幸せの度合いを5段階で尋ねるわけですが、10段階や11段階で尋ねる場合もよくあります。

この方法には、大きな問題があります。これまで何度も述べてきたように、経済学は幸せを個人の間で比較できないからです。Aさんにとっての3という幸せのレベルは、Bさんにとっての3というレベルとは異なるはずです。また、客観的に見れば、AさんもBさんもよく似た生活を送っているのに、Aさんは何事も悲観的に捉えがちなので、Bさんより幸せの度合いを低めに答えるかもしれません。

しかし、質問の仕方が容易なこともあって、幸せを尋ねるこうしたタイプの社会調査は頻繁に行われています。そして、その結果に基づいて、「日本の幸福度は世界でかなり低め」とか、「日本で最も幸せなのは○○県だ」といった報道がしばしばされています。しかし、個人間の幸せはそもそも比較できないので、こうした話は（人々の興味を引き、話題にもなりがちですが）あまり信用しないほうがよいかもしれません。

*ここで、余談をひとつ。都道府県の間で幸せの度合いを比較すると、最も幸せなのは大都市圏から離れた、人口の比較的少ない○○県、最も幸せでないのは人口の多い大都市圏に属する××県という結果になることがよくあります。実は、これは別の重要なことを示唆しているので、それを説明しておきましょう。○○県は自然も豊かで通勤時間も短く、××県は近くに公園も少なく、満員電車に揺られて職場に通う必要があります。アンケート調査の結果、幸せの度合いが××県より○○県で高くなっているという結果が得られるのは当然でしょう。にも拘《かか》わらず、実際には、多くの人々は○○県ではなく××県に住んでいます。これは、多くの人々が、いろいろなことを総合的に考えた結果、××

県のほうが魅力的だと判断していることを意味します。だからこそ、多くの人々は○○県ではなく××県に住んでいるのです。

これを、経済学の用語で「顕示選好《けんじ》」――人々の好み（選好）が事後的に明らかになった状態（顕示）――と言います。都道府県どうしの比較ではなく、世界で最も幸せな国はB国だという国際比較調査の結果が話題になることもありますが、それではなぜ世界中の人々がB国に移住することを選ばないのだろうかと考えてみてください。さまざまなコストを考えると、そのコストを払ってまで移り住むほどの魅力は、B国にはないのだということになりませんか。

†「幸せ」研究から浮かび上がるもの

もちろん、幸せは比較が難しいという問題があるからといって、幸せの度合いを調べることがまったく無意味だというわけではありません。確かに、個人間の比較はできないのですが、個人のいろいろな特性の影響を統計的に除いた後でも――その具体的な方法は、本書の範囲を超えるので説明を割愛しますが――、**特定の要因が人々の幸せを引き下げているのであれば、その要因を解明し、取り除くことは政策的に重要になる**からです。

例えば、非正規雇用の人たちの幸せを考えてみましょう。非正規雇用者は正規雇用者に比べて経済的・社会的に不利な状況に置かれることが多いので、幸せの度合いが低めになることが十分推察されます。しかし、非正規雇用者のほうが幸せの度合いが低いことが統計で示されたとしても、正規か非正規かという就業形態の違いではなく、非正規のほうが低いという所得の違いを反映しているからかもしれません。

それでは、何らかの統計的な手法を用いて、所得の違いによる影響を除いた後でも、非正規雇用者のほうが幸せの度合いが低いことが確認できれば、何が言えるでしょうか。非正規雇用という働き方そのものが人々の幸せを引き下げている——あるいは、より正確に言えば、非正規雇用という働き方が人々の幸せを引き下げてしまう仕組みが社会に存在する——と推察されます。実際、いったん非正規雇用になると正規雇用になる道が閉ざされることが多く、仮に同じ給与を得ていても、将来に対する見通しが暗くなることもあるでしょう。そうした状況が、調査結果に反映されている可能性があります。

それと同時に、同じ非正規雇用でも、例えば夫の給与が十分にあり、生活に少し余裕を持たせるためにパートで働いている主婦と、正規雇用の口がなく、非正規雇用の給与に生活費を頼らざるを得ない人たちとでは、状況はまったく異なってきます。そうした違いも、就業形態と幸せに関する分析結果から浮き彫りになります。

そうなると、就業形態と幸せとの関係に関する分析結果は、政策的に重要な意味を持つことになります。非正規雇用の立場に置かれると、なぜ人々はつらく思うのか。雇用慣行に問題はないのか、人々が安心して生活を送れるようにする仕組みであるはずのセーフティーネットに不備はないのか。そうした重要な課題が、幸せ研究から浮かび上がってきます。幸せ研究は、どの県や国が最も幸せかといったレベルの話に終始してもらっては困るのです。

「幸せ」の持つ不思議な特徴

幸せについて調べることで政策的にも重要な知見を得る可能性があるということは、ある程度理解していただけたと思います。しかし、それにしても、人々の幸せを5段階、6段階といった形で単純に調べるだけで大丈夫なのでしょうか。

こうした形で調べた幸せは、あくまでも主観的なものです。人によって答え方も変わってくるでしょう。そこで、幸せに関する回答に何らかの形で客観的な裏づけがあるとありがたいということになります。しばしば注目されるのは、健康状態です。健康であればおそらく幸せでしょうし、幸せであれば健康面でもよい影響が出てくるでしょう。

とりわけ、幸せはメンタルヘルス（精神面の健康）と密接な関係にあることが推察されます。メンタルヘルスについては、専門の研究者によってしっかりとした客観的な尺度が確立されています。そこで、人々に幸せに関する質問をすると同時に、メンタルヘルスも測定します。そして、両方が密接に連動していれば、幸せという曖昧な概念を、メンタルヘルスの尺度との関係性に基づいて客観的に評価することができることになります。実際、そのようなことを確かめている研究もよく見られます。

そのような裏づけができると想定したうえで、幸せの度合いが何によって決まるかを調べてみると、いろいろ面白いことがわかってきます。例えば、収入が多いほど私たちは幸せになりますが、どうやら頭打ちになるところがありそうです。ノーベル経済学賞を受賞したカーネマン（D. Kahneman, 1934–2024）教授らの研究によると、幸せは収入が多いほど高くなりますが、年収が7万5000ドル（この研究が公表された2010年代では800万円ほどに相当します）でほぼ頭打ち状態になります。

同様の傾向は、頭打ちになる収入の水準こそ違うものの、日本の調査でもある程度確かめられています。「幸せはお金では買えない」という言葉がありますが、半分は正しく、半分は間違っていることになります。

さらに、幸せは年齢によっても変化します。この点についても多くの研究が進んでいますが、若いころから中高年に差し掛かるまでは、幸福感を示す各種指標は低下傾向を示します。しかし、中高年以降になると人々は徐々に幸せになっていきます。加齢によって健康状態は悪くなり、所得水準も総じて低下するのに、人々は幸せになるのです。この不思議な傾向は、「厚生パラドックス」と呼ばれることもあるのですが、その原因解明は十分に進んでいません。歳をとると、世の中の大抵のことには慣れてしまい、精神的に穏やかになるということなのでしょうか。これも幸せの持つ不思議な特徴です。

ただ、筆者の個人的な考え方を言わせてもらうと、こうした幸せ研究はそれ自体として面白い知見を得るでしょうが、それだけでおしまいにするのは経済学としてはもったいないように思います。人々の幸せの度合いをデータに基づいて調べて、その度合いがほかの人と比べて大きく劣っているケースを見つけ、その原因を解明して解決策に結びつけること――そういうことも経済学サイドからアプローチすべき幸せ研究の重要な役割だと思います。**経済学における幸せ研究は、逆説的ながら「不幸せ」の解明にこそ注力すべきでしょう。**

幸せに関する研究は、経済学より社会学や心理学のほうが進行しており、そこで得られた知見を経済学のほうでさらに詳しく調べるといった傾向も見られます。本章で何度も説明しているように、経済学は、個人が自分の効用、つまり、幸せを最も高めるためにどのような行動を見せるかを分析の出発点としています。しかし、その自分の幸せは、自分自身の行動だけでなく、他人の幸せ（より厳密に言えば、他人の幸せと推察されるもの）によっても影響を受ける可能性があります。

いま、自分の月給が手取り30万円だったとしましょう。家族がいなければ、そこそこのマンションならその家賃を支払ってもある程度の生活は送れるので、生活にもまあまあ満足できるでしょう。しかし、同じ高校の同級生だった友人が月に100万円稼いでいることがわかればどうでしょうか。どうしても自分と比べてしまいます。「うまいことやっているな」と羨ましくなります。

しかし、その同級生が何か悪事を働いてお金を儲けていたことがわかり、警察に逮捕されたことがニュースで報じられたらどうでしょうか。「やっぱりな。ざまあ見ろ。オレはあいつほど稼いではいないが、悪いことはしていないぞ」と思ってしまう自分に気づきます。給料は同じ30万円なのに、気分はだいぶ違ってきます。

どうも、私たちは自分を他人と比べがちです。そして、その他人が、年齢や学歴、社会的地位などの面で自分と近いほど、気になります。そして、そうした属性が近くなくても、近づく可能性が出てくると気になってしまいます。芸能人や政治家のスキャンダルが注目されるのは、自分とは遠い存在だった芸能人や政治家が、問題を起こして地位を失って自分たちと同じ市井《しせい》の一人になりそうだからでしょう。

†将来世代の「幸せ」を考えると……

他人の幸せも考慮するという発想を経済学に取り入れると、状況はずいぶん変わってきます。右には、やや不謹慎とも言える例を挙げてみました。そうした例だけであれば、経済学がわざわざ取り上げる必要はありません。こうしたテーマに関する研究に古くから取り組んできた社会学の研究者の方々に任せたらよいでしょう。また、経済学の分野でも、「嫉妬の経済学」といった研究はすでに誰かが試みているはずです。実際、経済学の論文を読んでいると、「ここでは嫉妬は捨象する」とわざわざ断っていることもあります。

しかし、将来世代の幸せを自分のこととして考えるとなるとどうでしょうか。つまり、自分の幸せ（効用）の決まり方を規定する効用関数の中に、将来世代の効用、あるいはそれに大きな影響を及ぼす要因が入ってくる場合です。そうなると、経済政策の運営の仕方にも重要な意味合いが出てきます。

自分の幸せだけを考えるのであれば、例えば、政府に減税や財政支援を求め、その財源は先送りにすることが政府に求めるべき政策になります。しかし、私たちを幸せにするために必要な負担を背負わされる将来世代の幸せを考えると、政府にあまり無理な注文はしないほうがよいということになります。

こうした点は、人口が順調に拡大し、経済が中程度以上の成長を続けていれば、特に心配する必要はありませんでした。しかし、これからはどうでしょうか。最近注目を浴びているSDGs（Sustainable Development Goals）、すなわち、「持続可能な開発目標」の発想も、私たちの世代が享受している幸せを将来世代も持続して享受できるようにしようという点で、将来世代の幸せが私たちの意思決定に重要な意味をもっています。この問題は、本書でも第4章で改めて取り上げたいと思います。

経済学は、基本的に自分の幸せ追求を最も重要な課題として設定していますが、他人の幸せを無視しているわけでは決してありません。むしろ、他人の幸せを明示的に考慮することによって、経済学の議論は大きな広がりを見せることになります。ただ、問題はどのような形で他人の幸せを議論に組み込むかです。世の中の有り様に関する議論については、禁欲的な姿勢を基本的にとってきた経済学にとっては、そこが大きな課題となるはずです。

【この章のメッセージ】

▼「個人の幸せ」を出発点として、人々がどう行動するかを考えることが経済学の発想

▼一方、「社会の有り様」については経済学が無関心になることも多い

▼経済学は、制度や仕組みを評価するために効率性と公平性という2本の軸を持っている

▼「幸せ」の中身や「不幸せ」に思う原因の解明など、これまで脇に置かれてきた「幸せ」の分析も注目されつつある

第２章
経済学の2本立て構造

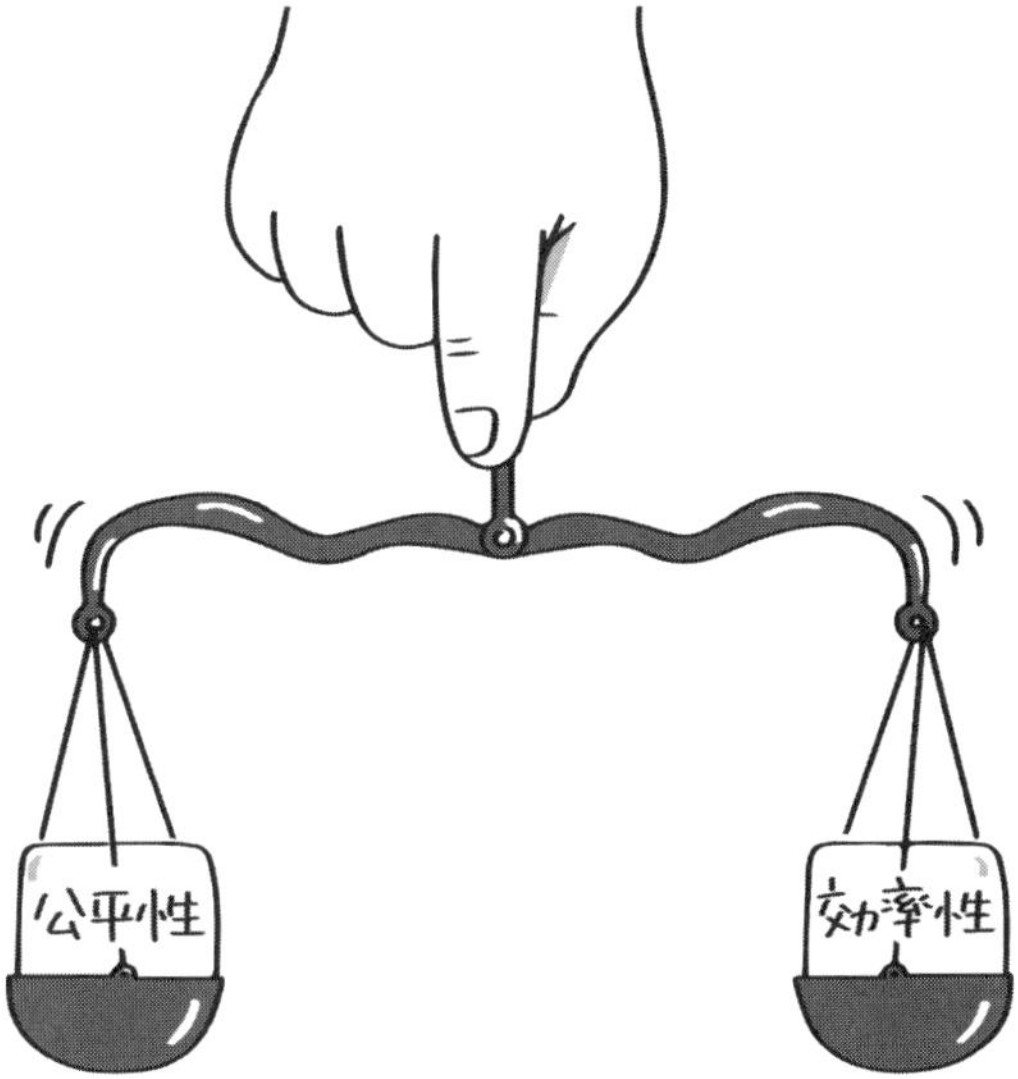

1　効率性の観点からの問題提起

†評判の悪い消費税

日本では、消費税はきわめて評判が悪い税です。消費税率を引き上げるためには、相当の政治的エネルギーが必要になり、大げさな言い方ではなく、政権をひとつ潰すぐらいの覚悟が必要です。確かに、買い物をするたびに○○％という税金を支払わされるのは、誰にとってもうれしい話ではありません。所得税や社会保険料の場合は、給料から天引きされるので、重みを感じるのは給料の明細書を見るときぐらいで、毎日ではないでしょう。〝痛税感〟という点では、消費税は世の中にある税の中で断トツ1位だと思います。

日本の消費税は、ヨーロッパの先進国では付加価値税という税に相当します。その付加価値税に比べると、日本の消費税の税率はかなり低くなっています。実際、ヨーロッパの付加価値税率は20％前後になっています。それでは、日本はその分だけ所得税が重いのかと言われると、そうでもありません。社会保険料も、先進国の中では平均的な水準になっています。しかし、社会保障給付の水準は諸外国と比べて遜色《そんしょく》ありません。こんなアンバランスな仕組みは、そもそも成立していること自体がおかしいようにも思います。だからこそ、日本は先進国で最大の財政赤字を抱えているわけです。

とはいっても、これから財政赤字の話をするわけではありません。ここではむしろ、経済学特有のモノの考え方、とりわけ効率性という評価軸の特徴を理解していただくために、消費税と言えば条件反射のように出てくる「逆進性」を取り上げたいと思います。

逆進性とは、所得が低いほど負担が重くなるという状況です。所得が高く、税金を納める能力がある人ほど税金はたくさん払ってもらうべきだというのが、常識的な考え方でしょう。これが「応能原則」ですが、まさしく経済学、とりわけ財政学の分野でもこの考え方はしっかり説明されています。逆進性を持つ消費税はその原則に反している面があります。

消費税は、食料品など生活必需品にもかかります。しかし、生活必需品に対する支出が所得に占める割合は低所得層ほど高いので、消費税は低所得層ほど税負担が重くなります。だからこんな税を許してはいけない、といった批判はよく耳にします。そのために、消費税率を引き上げるとしても、食料品など生活必需品に対する税率を低めにするなど、低所得層への配慮が必要だという主張が必ず出てきます。

消費税率は生活必需品こそ高くせよ？

ところが、経済学の教科書を読むと、生活必需品にこそ高い税率をかけるべきだ、という、常識に真っ向から対抗するような説明が出てきます。その説明は、経済学ならではのものなのですが、経済学の考え方を理解するうえで格好の材料となっています。

いま、政府がある特定の品物に消費税をかけることを考えていると想定しましょう。消費税をかけると、その品物の価格が高くなります。そうすると、その品物に対する需要が減少します。これは、政府から見ると困ったことです。政府は消費税で税収を稼ごうと狙っていたのに、売れ行きが落ちて、思ったほど税収が得られなくなるからです。

こうした結果になりがちな品物としては、どのようなものが考えられるでしょうか。「今すぐに買わなくても特に問題はない」「値上がりしたから買わないでおこう」と思ってしまう品物のはずです。高級ブランドの洋服や宝石といった、まさしく贅沢《ぜいたく》品がそれに当たります。

一方、値上がりしてもそれほど買い控えできない品物ならどうでしょうか。消費税がかかっても、需要はそれほど落ちません。そういう財であれば、政府も税収をしっかり集めることができます。需要があまり落ちないから、効率的に税収が得られるわけです。そして、まさしく生活必需品といわれるものこそがこのタイプの品物です。

このように考えると、**人々の購入行動に与える影響を最小限にし、最も効率的に税収を稼ぐためには、「(贅沢品ではなく) 生活必需品にこそ高い税率をかけるべきだ」ということになります。**もう少し専門的に言うと、値上がりしても需要があまり減少しない商品――そうした商品を経済学では「需要の価格弾力性が低い」と言います――ほど、税率は高く設定すべきだ、ということになります（ここでいう弾力性とは、感応の度合いを数値で示したものです。例えば、価格が1%上昇したとき、需要が1・5%減少すると、需要の価格弾力性は1・5（=1.5/1）と表現されます）。

これは、ラムゼー（F. P. Ramsey, 1903-30）というイギリスの哲学・数学・経済学者がほぼ1世紀前に打ち立てた命題で、**「ラムゼーの逆弾力性命題」**と呼ばれています。ここでいう逆弾力性とは、需要の価格弾力性の「逆数」という意味です。価格弾力性が低いほどその逆数が大きくなり、税率もそれに応じて高くしなければならない、というのがこの命題の意味するところです。

このように説明してくると、「経済学はなんと常識外れな発想をするのか」とあきれてしまう読者も多いかもしれません。これは、経済学が、できるだけ不平等を少なくするにはどうすればよいかという公平性の観点だけでなく、人々の行動にできるだけ歪《ゆが》みをかけず、資源を効率的に配分するにはどうすればよいかという効率性の観点を合わせ持っているからです。その効率性の観点が色濃く顔を出しているのが、この命題なのです。

経済学が効率性を重視するのは、政府はできるだけ市場に介入せず、人々の自由な意思決定やその決定が反映される市場メカニズムに任せておいたほうが物事はうまくいく、という考え方が基本的にあるからです。消費税を掛ける場合も、人々の行動にできるだけ影響しないような工夫が求められます。生活必需品こそ高い税率にすべきだというアイデアは、そうした考え方から見ると自然な発想になるのです。

†経済学から見たたばこ税

ラムゼーの逆弾力性命題で説明できる代表的な例は、消費税ではなく、たばこ税です。たばこ税は売値の6割以上を占めています。そこまで高い税率が設定されるのは、値上が

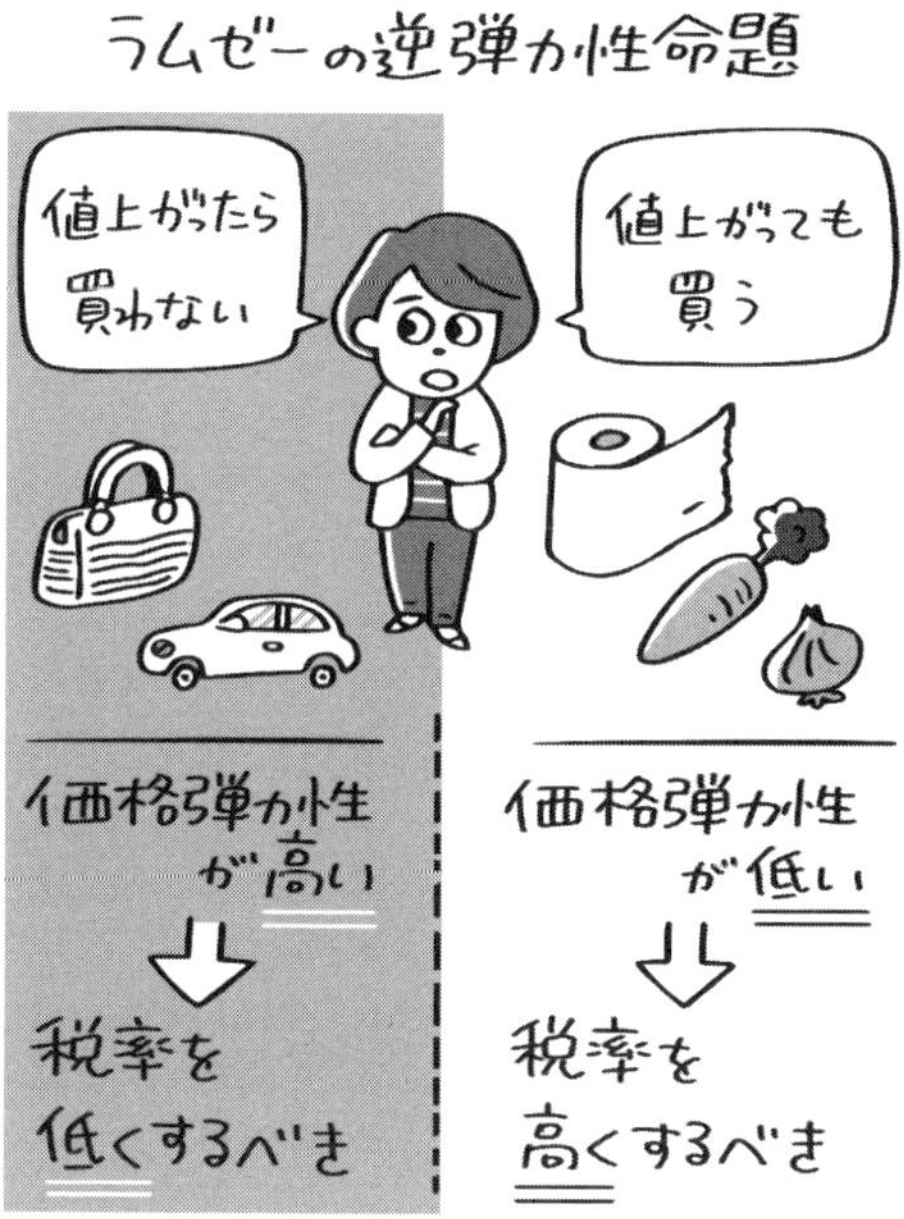
ラムゼーの逆弾力性命題
値上がったら買わない
値上がっても買う
価格弾力性が高い
税率を低くするべき
価格弾力性が低い
税率を高くするべき

りしても簡単には禁煙できないという点で、たばこが需要の価格弾力性がきわめて低い商品だからです。需要の価格弾力性が低いという性質は、依存性、中毒性と言い換えたほうが経済学を知らない人にとってはピンとくるかもしれません。税率をどんどん釣り上げても、買う人は買う。だから、税収もしっかり入る。健康に有害な、そして周りの人にも迷惑をかけるたばこが、公然と売買されているのはそのためです。政府にとっては捨てがたい税源です。

筆者は同僚の研究者と一緒に、たばこの値上げがどのようなタイミングで行われているのかを統計に基づいて調べたことがあります。本題から少し離れますが、関係しないこともないので、少し紹介しておきましょう。

日本では、たばこ税から政府が得る税収は総額2兆円程度に上ります。消費税は1％引き上げると2・5兆円程度の税収が得られるので、そこから考えても、たばこからの税収は政府にとって重要な財源になっていることがわかります。そこで面白いのは、たばこ税収が過去約40年にわたってほぼ2兆円で安定的に推移していることです。

喫煙者は明確な減少傾向を示しており、たばこ農家や町中のたばこ屋さんの数も減少しています。にも拘《かか》わらずたばこ税収が2兆円をキープしているのは、税収が2兆円を切りそうになったら、たばこを値上げするというパターンが定着していることになります。筆者たちは、その仮説が成り立つことを統計によって確認しました。

もちろん、これは事後的な話なので、政府（財務省）にいる、たばこ税の担当者がそこまで明確に意識して値上げのタイミングを決定しているわけではないでしょう。しかし、ここまで長期にわたってたばこ税収が2兆円近辺で安定しているのは、少々値上げしても喫煙行動に大きな変化がなく（つまり、たばこ需要の価格弾力性が低く）、税収のコントロールがうまく行われていることを意味します。

国会議員の中には喫煙を支援するグループがありますが、たばこ産業をわざわざ保護する政治的なメリットは昔に比べると大きく低下しているはずです。それを考えると、これはますます奇妙な状況です。政府にとっては、たばこ税収の確保がそれだけ魅力的なのでしょう。実際、政府の文書を見ると、たばこ税については安定した財源である点がしばしば強調されています。

喫煙者がここまで明確な減少傾向を示しているにも拘わらず、たばこ税収の総額が2兆円を死守しているのは、政府の担当者による絶妙な操作の賜物と言ってよいかもしれません。もっとも、その裏側でたばこによる健康への害のために巨額の医療費がかかっていることを考えると、褒められる話では決してありません。たばこ税についてはもう少しお話ししたいことがあるのですが、とりあえずこの辺にしておきます。

†「ラムゼーの命題」から抜け落ちるもの

一般的な話として、普通の人の考え方とは逆のことを主張する理論があり、しかもその中身が理路整然としている場合、知的な満足感を得ることがあります。私も、大学生のときにこのラムゼーの命題に初めて触れたとき、その切れ味に感心した記憶があります。「これで世の中の常識を切り崩せる」という思いも持ちました。しかし、そう思うのは若気の至りでした。いくらなんでも、生活必需品こそ税率を高めるべきだという、経済学者以外の人から見れば常識外れな話だけで経済学が説明を終えているわけではないからです。

生活必需品にせよ、贅沢品にせよ、品物に消費税を掛けると、それだけフトコロ具合が悪くなります。要するに、増税によって所得が実質的に減少するのですが――この効果を所得効果といいます――、ラムゼーの命題はその点をとりあえず脇において議論をしています。生活必需品に高い税率を掛けると、低所得層ほど困ります。このことはどうしても否定できません。

そのことは、経済学も十分承知しているのですが、その問題は税率を設定した後で所得を再分配して処理しようと整理しているわけです。しかも、その場合、その所得の再分配は人々の行動に影響を及ぼさないと想定し、話を簡単にするのが経済学の教科書における通常の話の進め方です。ここでも、**効率性と公平性の問題を区別し、まず、効率性の問題を片付けようとする、経済学の発想のスタイル**が顔を出しています。つまり、ラムゼーの命題は、話の前半部分のおいしい（?）ところだけを取り出しているだけだと解釈したくもなります。

効率性という観点を前面に出すと、生活必需品にこそ高い税率を掛けよということになるのですが、実際には、いくら経済学者でもそんなことを主張することはまずありません。なぜなら、経済学者は、効率性だけでなく公平性の観点を同時に重視するからです。公平性の観点から考えると、生活必需品ほど高い税率を掛けるべきだというわけにはいきません。低所得層に一方的に迷惑がかかるからです。この点では、経済学の考え方は一般的な発想と変わりません。しかし、この考え方だけを前面に出して制度を設計すると、人々の行動が税制によって変化し、思ったように税収が上がらず、政府の支出を賄《まかな》う財源が確保できないという問題が出てきます。

そこで、経済学は効率性の観点と公平性の観点のバランスをとろうとします。効率性の観点からは生活必需品ほど税率は高く、公平性の観点からは逆に生活必需品ほど税率は低く、ということであれば、その真ん中をとって、すべての商品に一律の税率を掛けるのも悪くないな、という発想が生まれるわけです。税率を品物によっていちいち変えるのは、実務的にも面倒です。実際、日本でも消費税率を10％と8％の2本立てにしたとき、小売店の現場では混乱が見られました。

†一律の消費税率ではダメなのか？

しかし、公平性の観点を大事にする、あるいは効率性のことはあまり重視しない人のほうが世の中には圧倒的に多いはずです。だから、税率は一律にすべきだという主張をすんなり受け入れる人はあまりいないのではないでしょうか。「税率が一律だと、確かにすっきりするが、やはり逆進性が残るではないか」と批判が当然出てきます。

確かにその通りなのですが、この点はもう少し突っ込んで考えてみる価値があります。いま、低所得層を支援するために生活必需品の税率を低くしたとしましょう。低所得層は歓迎するはずです。しかし、食料品を考えればわかるように、生活必需品は高所得層も購入しています。ですから、生活必需品の税率を引き下げることは、低所得層を支援するだけでなく、高所得層も支援することになります。もちろん、それについて高所得層は反対しないでしょう。しかし、この方法には、政策のあり方として少々まずいところがあります。高所得層の負担を軽減するくらいなら、そのお金で低所得層をもっとしっかり支援できたはずだからです。

このような複数税率の仕組みが人々の経済的便益から見て望ましくないことは、経済学の世界ではすでに一般的な認識になっています。イギリスを代表する経済学者の一人で、ノーベル経済学賞を受賞したマーリーズ（J. A. Mirrlees, 1936-2018）教授が中心になって2010年にまとめた「マーリーズ・レヴュー」という報告書は、この問題を正面から議論しています。低所得層に対する支援策としては、付加価値税に複数税率を設定するよりも、所得税の仕組みなどを改め、高所得層の税率は引き上げ、低所得層には税額を還付するなど、より直接的な方策を講じるほうがはるかに効果的だというのが、この報告書の重要なメッセージとなっています。

消費税や付加価値税の税率の構造を調整することによって、高所得層から低所得層への所得再分配を行うというアイデアは、言ってみれば発展途上国の発想なのです。発展途上国では、人々に得られた所得から税を収めさせるという、先進国では当たり前の仕組みが十分整備されていないところが少なくありません。そして、所得税の仕組みが整備されていなければ、消費税のような間接税の徴収の仕方を工夫しないと所得の再分配はうまく進まないのです。

ところが、日本のような先進国では所得税の徴収の仕組みはしっかりしているので、所得再分配は所得税に累進性を持たせることである程度対応できます。理論的にも、所得税という仕組みがあるのであれば、消費税の税率を一律にしてもあまり問題がないことがすでに示されています。

なお、経済学を少しでも学んだ人であれば、次のように説明するかもしれません。「商品によって消費税の税率を変えると、商品間の『相対価格』が課税前から変化するので、消費者の消費行動に歪《ゆが》みが生じる。一律の税率であれば、すべての商品の値段が同率で上昇するので相対価格は変化せず、消費行動にも歪みは生じない。だから、一律の税率が望ましい」と。

この説明をさらに進めると、消費税の税率を一律にするのであれば、所得に比例する所得税を設定することと大きな違いは出てこないので、消費税は不要だという主張にもつながります。こうしたタイプの議論は直感的に正しいように思えますし、入門レベルの教科書にはそういう説明もたまに見られます。しかし、詳しい説明は経済学の教科書に譲りますが、こうした議論は、各商品に対する需要が労働とまったく関係がないと想定するなど、ややきつめの仮定を置かないと理論的に成立しないこともわかっています。

†消費税による所得再分配には無理がある

さらに言うと、消費税の税率を調整することで再分配を効果的に行うためには、所得階級によって消費の構造がかなり異なっていなければなりません。ところが、日本では、会社の社長や役員も平社員と同じ食堂でお昼ご飯を食べることは普通ですし、スマホ（スマート・フォン）は所得とは関係なくほとんどの人が持っています。このように、消費支出の構造が異なる所得階級の間で大きく違わない場合、消費税の税率を少々調整しても所得再分配効果はあまり発揮されないのです。

このように説明すると、「確かにそうかもしれないが、そうであれば所得の高い世帯ほど支出が多い品目に高い税率をかけたらどうか」という提案が出てくるかもしれません。

それでは、高所得層と低所得層の間で支出のウェイトが著しく異なる品目とは具体的には何でしょうか。

総務省の『家計調査』などで調べてみると、なんと教育費が最も階層性の高い支出の1つになっています。ここでいう教育費には、義務教育は無料なので含まれません。含まれているのは、義務教育以外の学校の授業料のほか、塾や習い事、家庭教師など、学校外の教育費です。筆者は家計支出の日韓比較を行ったことがありますが、韓国では教育費の階層性は日本ほど高くありません。所得が低くても子供の教育にはお金を掛ける、というのが韓国です。韓国ではそれが深刻な問題になっている面もあるのですが、日本では、低所得層が支出における子供の教育の優先順位を落としています。こちらも問題です。

食料品の税率は低くすべきだ、という主張を押し通すなら、教育費には平均よりも高い税率を設定せよと主張してもよさそうです。金持ちほど教育にお金をかけているのだから、当然でしょう。しかし、そんなことを言い出す人はあまりいないと思います。また、教育はその人がそれを受けておしまいというものではなく、社会全体の労働生産性を高め、税収や社会保険料の増加に貢献するという面もあります。それを考えると、教育を受けることにブレーキをかけるような税制は好ましくないでしょう。この教育費のように、商品やサービスによっては、程度の差こそあれ社会全体に影響を及ぼすものがあるので、消費税による所得再分配は難しいのです。

†再びたばこ税を考える

ここで、先ほど取り上げたたばこ税の在り方について改めて考えておきましょう。たばこの存在は、少なくとも健康面から見れば容易には是認できません。しかし、政府は安定した税収を得るために、また、たばこ需要の価格弾力性の低さを利用して、たばこに高い税率をかけてきました。そう説明すると、「たばこがそんなに社会に悪いものなら、たばこ税の税率をもっと高めたらどうか」という主張が出てくるかもしれません。たばこを吸わず、受動喫煙で嫌な目にあった人なら、「そうだ、そうだ」と賛成するでしょう。もちろん、喫煙者は渋い顔をするはずですが。

しかし、たばこはほかの商品とは違います。〝階層性〟がかなり高いのです。喫煙者の人たちからの批判を覚悟してはっきり書くと、喫煙率は低所得層ほど高めになっているのです。それと連動して、学歴が低い層ほど喫煙率も高くなっています。こうした状況は、総務省の『家計調査』や厚生労働省の『国民生活基礎調査』などで確認できることです。

そうした点を考えると、たばこ税率の引き上げは社会的に不利な立場にいる人を狙い撃ちすることになりかねません。その点は、政策運営にあたってしっかり考慮に入れなければならないところです。公平性という観点が、ここで顔を出します。食料品など生活必需品に高い税率を掛ける場合と同様の問題が、たばこ税についても発生するわけです。

確かに、たばこ税率を引き上げることは禁煙の促進に少しは効果があるでしょう。しかし、禁煙はそれほど簡単ではありません。価格弾力性が低いということは、そういうことを意味します。たばこ増税は、社会経済的に不利な立場に置かれている人に多くの負担を強いてしまう面があるのです。

それではどうすればよいのでしょうか。喫煙を始めるのが未成年期であることが多い点を考えると、子供がたばこに触れる機会をできるだけ少なくすることがまず求められます。禁煙を社会全体で支援する仕組みを整備することも必要になるでしょう。たばこの増税だけで解決できる問題ではないのです。

本節では消費税やたばこ税を取り上げて、経済学が持っている効率性と公平性という2つの評価軸を説明してきました。そのうち効率性のほうはしっかりした理論的裏づけがあって、きれいに処理できます。しかし、公平性のほうはどうでしょうか。公平性という概念には、どうも曖昧なところがあります。

低所得層の経済的な便益や効用、幸せを高所得層より重視するという考え方は、もちろん直感的には納得できます。しかし、そうした公平性の考え方をもう少ししっかりと裏づけることはできないのでしょうか。それを次節で考えてみましょう。実は、そこにも経済学特有の考え方が姿を現すことになります。

2　経済学は公平性をどう裏づけるのか

†「リスク回避」から話を始める

私たちは、もちろん人によって程度の違いこそあれ、平等な社会のほうが不平等な社会より望ましいと考えます。その点は、経済学でもまったく同じであり、経済学が公平性という評価軸を持っていることはすでに説明した通りです。それでは、どうして私たちは、格差を望ましくないものとして受け止めるのでしょうか。

本書の第1章では、経済学は議論の出発点を個人に置く特徴があると説明しました。公平性の根拠も、個人の立場から説明するというのが、経済学によるオーソドックスなアプローチです。その場合のキーワードは、これも第1章で登場した「リスク回避」です。

私たちは、所得が不安定である状態より、安定であるほうを望みます。例えば、月給が2分の1の確率で90万円、残りの2分の1の確率で10万円になるケースと、必ず50万円受け取れるケースとを比較してみましょう。

月給の期待値（平均的に受け取れる値）はいずれも50万円ですが、大半の人々は、所得が確定している後者のほうが望ましいと考えるはずです。これは、私たちが、所得が変動するリスクをできるだけ回避したいと考えるからです。90万円もらえると確かにうれしいけれど、10万円だと生活に困ります。そうした不確実な状況を避けるためには、どう転んでも50万円を確実にもらうほうがありがたいわけです。こうした人々の考え方の特徴をリスク回避的と呼ぶことはすでに説明したところです。

もちろん、90万円を手にする魅力も捨てがたく、波風の起こらない安定した人生より、一か八かの人生を選択する人もなかにはいるはずです。しかし、ここではそうした人はいても少数派であり、社会を構成する人々の大半はリスク回避的であると想定します。この想定はそれほどおかしいとは思えません。

社会全体の所得格差を忌避する気持ちも、人々がこのようにリスク回避的であることで説明できます。いま、皆さんが大学なり高校なりを卒業し、新社会人として社会に出るところだと想定してみてください。そして、自分がこれからどのような人生を送り、どれだけの所得が得られるかまったくわからないと想定しましょう。こうした状況を「無知のヴェール」に覆われていると表現することがあります。ここから話を始めましょう。

†「格差回避」を「リスク回避」に〝翻訳〟する経済学

さて、そうした無知のヴェールに覆われている状況に置かれた皆さんが、世の中の大人たちの状況を見渡したとき、人々が稼ぐ所得に差はまったくなく、すべての人が50万円の月給を得ているとしましょう。そうした世の中を、社会Aと名付けます。一方、社会Bに住んでいる場合は、社会を構成する人のうち2分の1が90万円稼ぎ、残りの2分の1が10万円にとどまっていると仮定します。いずれも極端な例ですが、社会Aでは所得格差がなく、社会Bでは所得格差が存在していると想定するわけです。

当然ながら、社会Aに住んでいると確実に50万円を稼げると期待できます。一方、社会

Bに住んでいる場合は、それこそ無知のヴェールに覆われ、将来どうなるかまったくわかりません。社会の状況から判断して、自分の稼ぐ月給は2分の1で90万円、残りの2分の1で10万円になると予想するしかありません。

社会Aと社会Bのどちらが望ましいでしょうか。自分が得る所得の不確実性を考えると、あなたがリスク回避的である限り、所得格差がないAのほうが望ましいと考えるはずです。だからこそ、あなたは所得格差を望ましくないと考えるんですよ――と経済学は説明するわけです。

ここで、経済学は巧妙に（？）議論のすり替えを行っていることに読者の皆さんは気づいてください。所得格差をどう考えるかという問題は、それこそ世の中の有り様に関する論点です。ところが、リスク回避は、あくまでも個人の所得変動リスクに関する問題です。次元が違うはずです。しかし、**経済学は、所得格差を望ましくないという、世の中の有り様に関する格差回避という概念を、リスク回避というあくまでも個人レベルの問題に〝翻訳〟して説明しているのです。**

このように問題をわざわざ翻訳するのは、経済学が個人を議論の出発点に置く構造になっているからです。そこでは、所得格差の問題は、あくまでも自分自身の問題として読み替えられています。世の中の所得格差はできるだけ避けたいという格差回避の度合いを、自分自身の所得の変動に関するリスク回避の度合いと解釈するわけです。

†格差回避の度合いを〝逆算〟する

皆さんが、この方法でも悪くないなと思ったとすると、世の中の人は所得格差をどれくらい回避しているのか、つまり、人々の格差回避度が気になりませんか。本題から少し外れるのですが、ちょっと考えてみましょう。

実は、リスク回避の度合いについては、それを調べる方法がすでに確立しています。株式や債券など金融商品への投資を考えてみてください。ハイリスク・ハイリターンという言葉を聞いたことがあると思いますが、人々は、リスクとリターン（収益）を両ににらみにしながら、最適な投資戦略を練っています。その投資戦略の中身を事後的に調べることにより、その人のリスク回避の度合いを推察することができます。貯蓄のほとんどを銀行に預けている人はリスク回避度が高いでしょうし、逆に、株式や外債にお金をつぎ込んでいる人はリスク回避度が低いはずです。

それと同様に、人々が世の中の所得格差の状況をどのように受け止めているかを調べてみます。人々の幸福の度合いを示す尺度があったと仮定して、その水準に注目します。メンタルヘルスを示す指標があれば、それに注目してもよいでしょう。所得格差が大きいとそうした指標は悪化するはずです。その悪化の度合いから人々の格差回避度の度合いを推察できそうです。筆者は、こうした発想で、統計を用いて人々の格差回避度を具体的に調べたことがあります。その結果、平均的に見ると、人々の格差回避度は、金融商品の投資戦略の場合に問題になるような、リスク回避の度合いと同じようなレベルの値であることがわかりました。

さらに、格差回避度が、人々が置かれた状況によって左右される可能性もあります。さきほどの説明では、人々は無知のヴェールに覆われている、つまり、自分が将来どうなるかはまったくわからない状態に置かれていると想定しました。しかし、この想定は現実的ではありません。理論を展開するために生み出された仮想的な概念です。実際には、世帯所得や就業形態、学歴等の面で人々を取り巻く状況は大きく異なり、将来の見通しも違ってくるでしょう。その人の属性によって、格差回避度はリスク回避度と同様に違ってくるはずです。私たちは、無知のヴェールを羽織っているどころか、「手垢《てあか》にまみれたコート」を着ているようなものです。

直感的に考えても、所得が低く、仕事も非正規であれば、そうでない場合に比べて、所得の変化に敏感になりそうです。高い収入が安定的に得られるのであれば、世の中の所得格差はまさしく他人事になりますが、逆の場合は身近な問題として受け止めてしまいます。また、自分の所得が今は低くても、これからどんどん増加していくことが十分期待されると、リスク回避や格差回避の度合いも弱まっていくはずです。

このように、世の中の所得格差についてどのように考えるか――より一般的に言えば、公平性をどこまで強く意識するか――は、その人が置かれた社会経済的な状況に大きく左右されることになります。

実は、所得格差はバブル経済のころのほうが近年より拡大する動きを見せていました。しかし、格差拡大を問題視する風潮は、むしろ近年のほうが強くなっています。経済成長が鈍化し、貧困に直面するリスクがそれだけ身近な問題になっているからでしょう。公平性が人々の価値判断に左右され、理論的に扱いにくいのは、こうした事情もあるからだと思います。

†格差回避とリスク回避とを区別する

格差回避をリスク回避と読み替え、世の中の有り様の問題である所得格差を個人の所得変動リスクの問題と解釈する。これが、公平性に対する経済学の伝統的なアプローチである――というのが、これまでの説明でした。読者の皆さんは、それをどのように受け止めたでしょうか。「一応、理解はできる。でも、私自身は、世の中の格差の問題を自分の所得の変動リスクの問題として受け止めているかなあ」と、疑問に思ったのではないでしょうか。

社会の問題を個人の問題として受け止めるというのは、たしかに理屈としてはわかりますが、社会の問題はあくまでも社会の問題として受け止めるというのが普通の人間の考え方ではないでしょうか。そうした直感は、実は的を射たものなのです。ここで、次のような実験を考えてみてください。

いま、30人程度で構成される小学校のクラスがあったとします（人数に大きな意味はありません）。先生が「お楽しみ会」で、次のような2種類のゲームをしようと生徒たちに提案しました。

1番目のゲームは、クラスにいる生徒たち各人にサイコロを振ってもらい、偶数が出たら「当たり」でキャンディーをあげますが、奇数が出たら「はずれ」でキャンディーはなし、です。もちろん、キャンディーをもらえる生徒ともらえない生徒が出てきます。

2番目のゲームは、だれか代表を1人適当に選び、その代表にサイコロを振ってもらい、偶数が出たらクラス全員がキャンディーをもらえ、奇数が出たら全員がキャンディーをもらえません（代表の選び方が問題になりそうですが、ここではとりあえず、くじか何かで無作為に代表を選ぶとしましょう）。

「どちらのゲームをやりたいと思う？」と先生が尋ねたところ、過半数の生徒が2番目のゲームを選んだ、という実験結果を報告した論文があります。この結果は、なかなか面白いことを教えてくれます。

というのも、どちらのゲームでも、それぞれの生徒から見て、キャンディーをもらえる確率は2分の1で同じです。つまり、すべての生徒が、キャンディーという〝所得〟面では同じリスクに直面しています。その一方で、大きな違いがあることに注意してください。つまり、1番目のゲームでは、キャンディーをもらえる生徒ともらえない生徒がほぼ半分ずつ発生します。つまり、所得格差が生まれています。これに対して、2番目のゲームでは、キャンディーを全員もらえるか、全員もらえないかですので、所得格差は発生しません。この違いをどう考えるかです。

†格差そのものを回避する気持ち

所得のリスクはどちらのゲームでも同じなのに、格差の状況は大きく異なります。そして、過半数の生徒が2番目のゲームを選んだという実験結果は、生徒たちは自分の所得変動リスクだけでなく、クラスメートの中で格差が生まれることも嫌っているということを意味します。つまり、多くの生徒たちは自分自身のことだけではなく、社会の有り様そのものに対しても思いを巡らせ、格差はよくないことだと感じているわけです。この実験の最大の工夫は、格差回避とリスク回避とを区別しているところにあります。よく似たタイプの実験はほかにもいくつか試みられ、学術論文として発表されています。

ただし、すべての生徒が2番目のゲームを選んだわけではない点には注意が必要です。筆者がこの話をある場所でしたところ、「私は2番目ではなく、1番目のゲームを選びますよ。自分の運命を他人に任せるのは嫌だからです」と答えた人がいました。なるほど、そういう人もいるでしょう。特に、代表者が誰になったか、どのようにして選んだかが問題になるかもしれません。これは、政治学のテーマにもなりそうです。

しかし、本章の文脈では、少なくない生徒が2番目のゲームを選んだことが注目点となります。社会全体の有り様を個人の問題として処理する、個人の幸せを出発点にして世の中の有り様を考える、経済学の限界がここに顔を出している、と私はどうしても考えてしまいます。

私たちは、自分たちの所得の変動リスク云々といった問題を離れて、世の中の格差の存在そのものを嫌う気持ちを持っているということになります。こちらのほうが、実感に近いように思います。実際、格差や不平等の存在が私たちの気持ちにどのように影響するかという点については、神経科学の分野ですでに解明がかなり進んでおり、いくつかの興味深い研究成果が『ネイチャー』など一流の国際学術雑誌で紹介されています。

しかし、専門の研究成果を紹介するまでもなく、公平性を追求する、もっと平たく言えば、困っている人を助けたい、という気持ちが私たちの心にあるという点については、読者の皆さんの誰もが同意するのではないでしょうか。国内で起こった大震災で被害に遭った人たちに、そして、海外でも例えばロシアに侵攻されたウクライナの人たちに対して、義援金を送った人は少なくないと思います。

通勤電車の中で体調が悪くなった人が出てきたときに、実際に助けるかどうかは、「助けたら会社に遅れるかもしれない」という個人にとって差し迫った状況が大きく左右するでしょう。それでも、誰もが「大丈夫だろうか」と心配するはずです。こうした人間の心情は、リスク回避という、経済学がわざわざ持ち出してくる概念では、うまく説明できない性格のものでしょう。

公平性の追求は、私たちの存在そのものに関わるものかもしれません。私たちは、自分が不公平な扱いを受けることに強く反発します。親からもらうおやつが、ほかのきょうだいより少ないとき、私たちは親を問い詰めます。学校の先生が同級生に明らかな依怙贔屓《えこひいき》をしたとき、私たちは先生を軽蔑《けいべつ》するでしょう。自分が不公平な扱いをされることは、自分の存在や将来に関わることであり、許されません。

このように考えると、効率性に比べて公平性という観点、そして格差を忌避するという姿勢は、もっと人間的で、私たち人間の本質そのものに関わるようなところがありそうです。そして、そうした観点から格差を問題視する度合いは、貧困や不公平、差別といったリスクに晒《さら》されている人たちほど、そして、そうしたリスクが社会全体で強まっているほど、高まるものと考えられます。

†個人によって異なる格差の受け止め方

世の中の所得格差そのものが個人の感情によくない影響を及ぼすとすれば、所得格差と幸福感や健康感との間にも何らかの関係がありそうです。実際、所得格差の大きな地域に住んでいるほど、幸福感や健康感が悪化する傾向が見られることが、日本でもこれまでいくつかの実証分析によって確認されています。

ただし、所得格差をどう受け止めるかは、社会経済的な環境によって大きく左右される可能性があります。例えば、社会の流動性が低く、社会的地位の高い層の家庭に生まれた人はそのまま高い地位にとどまり、低い層の家庭に生まれるとそこからは抜け出せないという国に住んでいる人々はどうでしょうか。恵まれた社会階層に属する人たちは、今の恵まれた状況をこれからも享受できるので、所得格差をそれほど悪いこととは思わないかもしれません。その一方で、恵まれていない社会階層の人たちは、今の状況が続く可能性が高いので、所得格差に対して否定的に思う度合いが強くなるでしょう。

それに対して、社会の流動性が高く、出自とは関係なく、頑張れば世の中で大きな成功をおさめることができる（という「期待」がある）国ではどうでしょうか。所得格差はむしろチャンスと受け止められ、恵まれていない社会階層もあまり気にしないかもしれません。それとは逆に、現在、大成功をおさめた富裕層は、明日はどうなるかわからないので、所得格差の存在を危惧《きぐ》する可能性があります。

こうした所得格差の受け止め方の欧米比較をした経済学の論文がありますが、それを読むと、ヨーロッパの状況は前者に近く、アメリカの状況は後者に近いという結果になっています。ヨーロッパは、やはり階級社会なのでしょう。アメリカでは、「アメリカン・ドリーム」が存在している、あるいはその存在が信じられているということでしょうか。

日本は、どうやらヨーロッパに近い状況になっているようです。特に、就職活動がうまくいかず、非正規雇用者として社会人生活をスタートすると、正規雇用者に転じることは難しいことが統計的に明らかになっています。貧困が世代間で継承される傾向があることも、多くの研究によって示されています。社会の固定化が進むと、所得格差は、統計の上では大きな変化はないとしても、深刻な問題として受け止められやすくなるでしょう。

3　せめぎ合う効率性と公平性

†効率性と公平性の「二分法」

前節では、経済学がどのような考え方で公平性を捉えるかという話をしました。公平性は世の中の有り様に関する問題なのですが、経済学は、リスク回避という概念を切り口にして個人の問題として翻訳しようとします。しかし、私たちが公平性の問題を実際に考える場合は、個人の問題として捉えておしまいというわけではなく、社会全体の問題として捉える面がある、というのがこれまでの議論の内容でした。

しかし、公平性をどこまで個人の問題として捉えるかという点は別にしても、経済学が効率性と公平性という2本の評価軸を持っているという点は忘れてもらっては困ります。そして、ここで特に注意すべきなのは、**この2本の評価軸を別々に用いて議論してしまうと、いくら経済学といってもほとんど意味がなくなってしまう**という点です。

この問題は、これまでの議論でも断片的に顔を出してきました。つまり、経済学者はまず効率性の議論に力を入れ、公平性の話は後回しにする傾向があります。世間の経済論議を聞いていても、そういう話の進め方をする人がよく出てきます。このアプローチを採用すると、たしかに話はすっきりするのですが、すっきりしすぎて、肝心のところが議論からすっぽり抜け落ちてしまいかねません。

本節ではその話をしたいのですが、その前に、公平性をもう少し〝料理〟しやすい形にしておきましょう。つまり、公平性について両極端の考え方を紹介します。ただし、話を簡単にするために、幸せは所得だけで決まると仮定しておきます。

1つ目の考え方は、社会全体の幸せ——経済学ではそれを「社会的厚生」と呼びます——は、世の中の所得の総額で示されるという考え方です。総額だけが問題なのであって、それが人々の間でどのように分配されていようが気にしません。1人の金持ちに所得が集中し、ほかの誰にも所得が行きわたっていなくても、その逆でも、中間的な形態でも同じだと考えます。総額が大きければそれでよいという考え方です。

経済学では、この考え方を「ベンサム的な立場」と呼びます。ベンサム（J. Bentham, 1748-1832）という人名は、功利主義という言葉とともに高校の公民や地歴の教科書でも登場します。そこで説明されているベンサムの考え方はもっと深淵で崇高なものなのですが、ここでは便宜上、右のように特徴づけておきます（ベンサム先生に怒られるかもしれませんが）。

もう1つは、その対極にあって、社会的厚生は世の中の所得の低い人の所得で決まるという考え方です。金持ちがいくらお金を持っていても、社会の豊かさとは関係ありません。社会の豊かさを決めるのは、最も生活に困っている人だと考えます。この考え方をアメリカの政治哲学者ロールズ（J. Rawls, 1921-2002）に因《ちな》んで「ロールズ的な立場」と呼びます。

このロールズ的な立場に立つと、所得が完全に平等に分配されていることが最適になります。この点は、次のように考えれば確認できるでしょう。いま、所得が完全に平等に分配されていると仮定します。その状態から少しでも離れてしまうと、社会的厚生を改善できないことを示せばよいでしょう（ただし、社会全体における所得総額は固定されていると仮定します）。

そこで、所得が完全に平等に分配されている状態から、1人だけが所得を増やしたと仮定します。その場合、ほかの少なくとも1人の所得を減らす必要がありますが、そうすると、その所得が減った人の所得が社会的厚生を決定するので、ロールズ的な立場から見ると、社会的厚生は低下します。

では、1人だけ所得を減らしたらどうなるでしょうか。この場合は、ほかの少なくとも1人が所得を増やせますが、それとは関係なく、この所得を減らした人の所得が社会的厚生を決定するので、社会的厚生は必ず低下します。

以上より、ロールズ的な立場に立てば、所得が完全に平等に分配されていることが必要であることが確認できます。

†どちらの立場に立っても結果は同じ?

このように、ベンサム的な立場とロールズ的な立場とでは、公平性あるいは所得分配に関する評価の仕方がまったく異なってきます。ベンサム的な立場に立つと、総額だけが問題になるのであって、所得格差はあっても気にしません。一方、ロールズ的な立場に立つと、平等な社会が最も望ましいという判断になります。したがって、どちらの立場をとるかで、結果に大きな違いが出てくるように思います。

ここで、GDP(国内総生産)の持つ意味を考え直してみましょう。GDPとは、文字通り、その国で得られた生産額の合計ですが、その合計は国民一人ひとりが稼いだ所得の合計でもあります（ここでは、国内総生産と国民総生産の違いは無視します）。つまり、低所得でも高所得でも、個人が稼いだ所得は区別しないで単純に足し上げているわけです。

これは、私たちが国全体の経済的な幸せを、いわばベンサム的な発想で評価していることを意味します。そこには、所得格差をどう評価するかといった公平性の観点は少しも入り込んでいません。効率性の問題を最初に片づけ、公平性の問題を後回しにするという作業を、私たちが暗黙のうちに想定しているからだと解釈してもよいでしょう。

しかし、このように効率性と公平性の問題を二段構えで考察すると、奇妙なことが起こります。効率性の問題を最初に片づけるということは、第一段階において、限られた資源の下で、世の中の所得を最大にすることを目指します。第二段階では、そこで得られた所得を公平性の観点から最適な形で人々に再分配します。このとき、第二段階ではどのようなことが望ましいと言えるでしょうか。

ロールズ的な立場に立つと、これまでの説明からわかるように、所得を完全に平等に分配すべきだということになります。一方、ベンサム的な立場に立つと、「お好きなように」ということになります。限られた資源の下で、世の中の所得がすでに最大になっているとすれば、その分配の仕方には興味がわいてこないからです。そうなると、政府がロールズ的な立場に立って所得を完全に平等に分配しても別に構わないということになります。

これは、ずいぶん奇妙な話だと思いませんか。ベンサムとロールズ的な立場とはそれぞれ、公平性をどう捉えるかという点について対極にあるのに、どちらの立場に立っても、所得格差をなくすことが政府の選択する政策になるからです。どちらの考え方を採用しても、人々があくせく働いて稼いだ所得を、政府が全部没収することになります（つまり、所得税の税率は100％）。そして政府は、その没収した所得の総額を、社会を構成する人たちに平等に分配します。このような政策が望ましいとされるのですが、ベンサム、ロールズどちらの立場に立ってもこうした結果が導かれるのはなぜでしょうか。

†「二分法」の落とし穴

もちろん、こうした完全平等の所得分配に対しては、「所得を得られなかった人にとってはありがたいだろう。しかし、頑張って働いた人は税金をガッポリとられてやる気を無くすのではないか」という懸念が当然出てきます。そして、そのような懸念は、経済学的に見てもまったく正しいものです。しかし、そうした懸念があるにも拘わらず、完全平等の所得分配がベンサム的な立場からも積極的に否定されなかったのはなぜでしょうか。

それは、そうした完全に平等な所得分配を目指したときに、**人々の行動にどのような変化を及ぼすかを考慮に入れる仕組みが、議論の中に用意されていないからです。**言い換えると、効率性の話を初めに片づけ、それを与えられたものとして、公平性の話で所得再分配のことを議論し、それでおしまいにするという構造を、この議論がはじめからとっていたからなのです。

本来であれば、そうした大胆な所得再分配をすると、人々のやる気（労働意欲）に変化が生じ、働いて得られる所得にも影響が出てきます。あまりに露骨な分配であれば、働く意欲が落ちる人が続出して社会全体の所得の総額が減少してしまいます。そうなると、公平性の観点から、とりわけ、低所得層を支援する目的で所得再分配を行おうとしてもブレーキがかかります。これは、効率性の観点から見ると決して無視できないところです。

しかし、右の議論では、人々が経済活動を行って所得を得るというプロセスはすでに終わっています。得られた所得をどう再分配するかという問題だけが残っているのです。したがって、そこでは効率性の問題は議論する必要がなく、もっぱら公平性の問題を考えればよいことになっています。そうなると、公平性の観点からしっかりモノを言いたいロールズ的な立場が、どうしても前面に出てきます。経済活動が終わり、所得の総額も確定しているので、ベンサム的な立場からは、「こちらから言いたいことは特にありません。お任せします」といった意見しか出てきません。

効率性と公平性という2本の評価軸は、本来であれば互いに絡み合い、せめぎ合う性格のものであり、同時に議論すべきなのです。それを無理に二分法的に処理してしまうと、確かに議論はすっきりするのですが、大切なものがごっそり抜け落ちてしまいます。筆者はむしろ、そのごっそり抜け落ちてしまうものをどのように扱うかが、経済学が取り組むべき重要な課題だと考えています。

†効率性と公平性のトレードオフ

公平性と効率性とは、2つとも同時に無理なく追求できる性格のものとは言えません。どちらか一方を追求しようとすれば、他方に無理がかかったり、犠牲になってもらったりしなくてはなりません。つまり、両者はいわゆる**トレードオフ（二律背反）**の関係にあります。この点は、経済学を持ち出さなくても常識的に推察できると思いますが、念のため確認しておきましょう。

例えば、政府が公平性の考え方を前面に出して、所得格差がない社会を目指していると

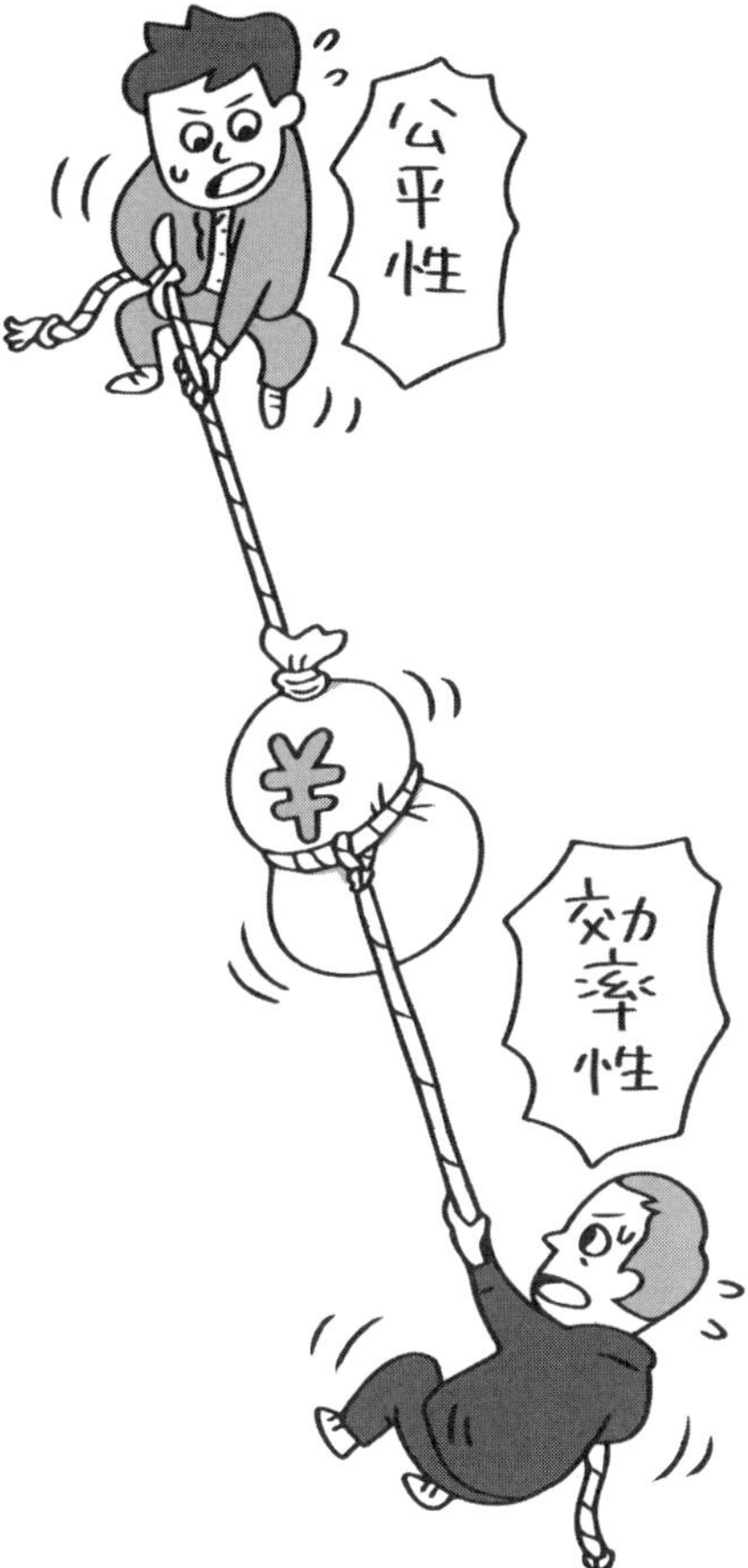
公平性
¥
効率性

想定します。その場合は、すでに説明したように、人々があくせく働いて稼いだ所得を、政府がまず全部没収します。そして政府は、没収した所得の総額を、社会を構成する人たちに平等に再分配します。ここでは、所得にかかる税率は100％となります。

あくせく働いても、稼いだ収入は全部税金として持っていかれるので、人々は働く意欲をなくすでしょう。あるいは、働かなくても政府が所得を平等に配ってくれるので、「働かなくてもいいや」と考える人も出てくるはずです（第1章で説明したモラル・ハザードがまさしくこれです）。そういう人が多く出てくると、社会全体の生産が落ち込み、得られる所得の総額も減少します。政府が所得を平等に再分配しようと思ってもその原資が少なくなってしまいます。これは、効率性の観点から見れば由々しき事態です。

なお、こうした説明に対しては、「確かに、所得税率は100％だが、低所得層は政府の再分配によって、支払った税金以上にお金が戻ってくるではないか。低所得層にとっては、税率は実質的にマイナスになるから結構なことだ」というタイプの反論が出てきそうです。しかし、低所得層にとっても、働いて得た賃金がそのまま税として徴収されます。働く意欲が落ちる点では、低所得層も高所得層とまったく同じです。ここで注目しているのは、まさしくその点なのです。

一方、政府が公平性の観点は後回しにし、とにかく経済全体で得られる所得の最大化を目指したらどうなるでしょうか。政府にとっては、働くことのブレーキとなってしまう税をなくし、世の中の人々、とりわけ生産性が高い人々に精一杯働いてもらうことが最適な政策になるはずです。こうした政策は、所得再分配に回すことが可能な所得の総額を最大にするでしょうが、残念ながら、税率はゼロに設定しているので、政府が得られる税収はゼロであり、所得再分配そのものが不可能になっています。

以上は単純な思考実験にすぎませんが、単純であるがゆえに問題の所在が明らかになっています。つまり、公平性を追求しすぎると効率性の面で問題が発生し、逆に効率性を追求しすぎると公平性の面で問題が発生します。こうした効率性と公平性とのトレードオフは、両者を別々にして、二分法的に議論すると表に出てきません。効率性と公平性とのトレードオフは、同時に議論してこそ、正面から取り組むべき重要な問題としてその姿を見せるのです。

†トレードオフから抜け出す方法はあるのか

効率性と公平性とがトレードオフの関係にあることは、以上の説明から何となく理解していただけたと思います。それでは、そのトレードオフから私たちが抜け出す方法はあるのでしょうか。

答えを最初に書くと、残念ながら「ありません」ということになります。**最適な政策は、効率性と公平性とのバランスをどのようにとるか、という人々の価値判断によって大きく左右されます。**税による所得再分配を例に挙げれば、当然ながら、公平性を重視する社会であるほど、所得に応じて高い税を課すという仕組みが支持されるでしょう。逆に、経済成長を優先するのであれば、税率はできるだけ低くという主張が政策に反映されます。経済学の立場から、「税率はこの水準が最適になります」という答えを提示することは、よほどのことがない限り難しいのです。

教科書的には、「中位投票者仮説」という考え方でこの問題の解決が説明されることがあります。例えば、社会を構成する各投票者に、自分が最も望ましいと考える税率を表明してもらいます。そして、その表明してもらった税率を低いものから高いものに順番に並べた場合、多数決によると、そのちょうど真ん中に位置する税率を表明した投票者（中位投票者）の意見が社会全体の意思として選ばれる——というのがこの考え方です。

わかったようでわからない考え方ですが、ここでの文脈では、以下のように説明されます。話を簡単にするために、社会がAさん、Bさん、Cさんの3人で構成され、最適な税率をそれぞれが0％、30％、100％と考え、そのように答えたとしましょう。Aさんは公平性をまったく追求せず、自分や社会全体の所得の最大化を望ましいと思っているはずです。Cさんはその対極にいて、公平性を最大限に追求し、所得の完全な平等を目指しています。Bさんは、この2人の中間的な考えをもっています。そして、各人とも、実際の税率が、自分が最適だと思う税率から離れるほどいやだと考えると仮定します。

この3人に対して、政府が0％と30％のどちらの税率がよいかと尋ねたらどうなりますか。もちろん、Aさんは0％に、Bさんは30％に手を挙げます。Cさんは、どうしてもと言われたら、自分の意見に少しでも近い30％を選ぶでしょう。結局、2対1の多数決で30％が選ばれます。

それでは、30％と100％とではどうでしょうか。Bさんは30％を、Cさんは100％を選びますが、Aさんは自分の意見に近い30％を選ぶので、この場合でも2対1の多数決で30％が選ばれます。ですから、結局、30％という、3人の間で真ん中の意見を表明したBさんの意見が社会全体の意思として決定されたことになります。以上が、中位投票者仮説の説明です。

†経済学の役目は議論の〝交通整理〟

正直なところを言うと、筆者はこの中位投票者仮説を授業で説明するとき、心底から納得して話しているわけでありません。右の例でも、政府がまず0％か30％を選ばせ、次に30％か100％を選ばせるという手続きを踏むとは限りません。選択のさせ方が恣意的です。最初に100％か30％を、次に30％か0％を選ばせても同じ結果が得られますが、最初に0％か100％を選ばせようとすると、Bさんは判断に困るかもしれません。さらに、政府が二者択一ではなく、0％、30％、100％の三者択一という形で3人の判断を仰ぐと、意見が分かれたままになって議論が先に進みません。

このように、中位投票者仮説にはやや曖昧なところがあるのですが、社会全体の意思決定が、世の中に分布する意見の真ん中へんに収まるという結論については、まあ、そんなところかなとは思います。効率性と公平性のバランスをどのようにとるかという一般的な問題についても、同様の考え方が当てはまるでしょう。収まるところに収まる、ということです。

しかし、残念ながら経済学からはそれ以上のことは言えません。何が最適な政策なのか、その答えをビシッと提示できればそれに越したことはないのですが、それができません。**経済学の果たすべきことはむしろ、効率性と公平性とのトレードオフの姿を、できるだけ具体的に人々の前に示して、混乱しがちな議論の〝交通整理〟を行い、人々の合理的な意思決定に資するような材料を提供することでしょう。**

つまり、「この政策を講じれば、所得分配はこのように変化し、経済成長はこのような姿を見せますよ。でも、別の政策を講じるとこのようになります」といった形で、複数の政策の効果を具体的な数値で比較し、効率性と公平性の両方の観点から〝両にらみ〟できる形で、評価しやすくするわけです。

そういう作業ができる学問領域は、ほかを見渡しても経済学以外にはありません。しかし、効率性と公平性の組み合わせの中からどれを選ぶかという問いかけには、経済学者は答えられません。最終的には、社会を構成する人々の価値判断に委《ゆだ》ねられる性格のものです。政治が決める、と言ってよいかもしれません。

†分配は成長のテコになるか

ここで、ひところ耳にした「成長と分配の好循環」という、政府が打ち出したスローガンを取り上げておきましょう。アベノミクスによって経済は最悪期からは回復したものの、思ったほど高成長にはつながらず、格差も拡大したという認識が強まってきました。そうした状況から抜け出すためには、成長戦略をさらに進めるとともに、アベノミクスの恩恵を十分受けられなかった中間層を所得面で支援すれば、高い経済成長が実現できる。そして、高い経済成長が実現できれば、分配もうまく進められる——という発想です。気が滅入ってしまうトレードオフの話に比べると、好循環の話は魅力的です。好循環が可能かどうか、少し考えてみましょう。

「効率性と公平性とはトレードオフの関係にあるわけでは必ずしもない。むしろ、両方を同時に追求すべきであり、また、それは可能だ」という考え方は、政策に取り組む姿勢として当然あってよいと思います。実際、国際比較を行うと、所得格差の度合いが小さい国ほど、経済成長率が高くなる傾向も緩やかながら確認されます。

しかし、筆者の個人的な印象を書かせてもらうと、所得再分配に対して、それによって経済成長を促すような、言ってみれば〝テコの原理〟に期待することには限界があると思います。

ここで、このテコの原理をもう少し詳しく説明すると、次のようになります。低所得層は高所得層に比べて、所得のうち消費に回す比率――それを「消費性向」と言います――が高くなっています。したがって、税制改革などによって高所得層から低所得層に所得を移転すると、高所得層の消費は減少しますが、低所得層の消費がそれ以上に増加するので、経済全体の消費が増加し景気拡大に寄与する、というわけです。

こうした効果がうまく発揮されるためには、所得階層によって消費性向が大きく異なっていなければなりません。その点は、どこまで確認できているのでしょうか。さらに、そもそも高所得層への増税が大前提となりますが、それはすんなり実現するのでしょうか。株式の売却益や配当、利子収入など金融所得への課税強化がそれに当たりますが、株式市場への影響などもあって、実現は難しそうです。そして、財源なしで減税だけしておしまいというのは、やはり分配とはいえないでしょう。政策として完結していないとすれば、評価することは難しくなります。

また、目指している分配が仮に実現できたとしても、高所得層の消費減少を低所得層の消費増加でどこまで相殺できるかはなはだ怪しいところです。また、消費が増加して景気が良くなっても、それで経済の力が強まって高成長を持続できるかどうかはやってみないとわかりません。

所得格差を縮小させたら経済成長が高まるといったタイプの主張は、確かに聞こえは良いのですが、しっかりした裏づけがないように思います。効率性と公平性との間にあるトレードオフから抜け出したいという気持ちは十分わかりますし、政治的なスローガンとしては魅力的です。しかし、そんな〝うまい話〟はあるはずがないと考えておいたほうが無難でしょう。

†ベーシックインカムという発想

本章のテーマである効率性と公平性という2本の評価軸に関連して、ベーシックインカムという、最近よく耳にする話題を最後に取り上げましょう。ベーシックとは「基礎的」、インカムとは「所得」のことです。このベーシックインカムの仕組みについては、いろいろなタイプがすでに提案されていますが、それこそ最も〝ベーシック〟なアイデアは、赤ちゃんからお年寄りまで、すべての人に無条件に一律の現金を配分するというものです。

配分される金額が気になりますが、日本では、65歳になると受給する国民年金の満額が月額6万円台後半なので、それを参考にして月額7万円という金額が想定されることが多いようです。筆者は、そこに深い意味はあまりないように思いますが、便宜上ここでもこの金額を念頭に置いて議論を進めることにします。

公平性の観点から見ると、すべての人に最低7万円を支給するというのですから、基本的にはプラスに評価できます。ただし、支援する必要のない層にも配ることになり、その分は無駄づかいなので、生活に困っている人たちに重点的に配るべきだという考え方も十分あり得ます。

一方、効率性の観点からはどうでしょうか。低所得層を支援する現行制度としては生活保護という仕組みがあります。この生活保護と比べてみましょう。生活保護を受けるためには、本当に生活していけないのかを調べる審査――こうした審査を「資力審査（ミーンズテスト）」と言います――を受けなければならず、精神的な苦痛（トラウマ）が伴いがちです。また、第1章で説明したように、働いて収入が増えると、その増えた分のかなりの部分が生活保護から差し引かれるので、税率で言えば100％近くになり、働く意欲が薄れていつまでたっても低所得にとどまる「貧困の罠《わな》」という問題があります。

これに対して、ベーシックインカムは、収入に関わらず一律にお金を受給できるので、労働意欲を抑制することはありません。それゆえ、ベーシックインカムは効率性の観点から見て、悪い仕組みとは言えません。資力審査を受けることによる精神的な苦痛もありません。

実は、このベーシックインカムという発想は、「負の所得税」として経済学の教科書に昔から出てくるアイデアに近いものです。負の所得税でも、政府が国民全体に一律の現金を給付して、最低限度の所得を保障します。その財源は、所得税で賄います。低所得層も所得税を払うのですが、それ以上に現金給付を受けるので、差し引きすると所得税が負（マイナス）になります。だから負の所得税という名前がついています。

この負の所得税という仕組みは、フリードマン（M. Friedman, 1912-2006）という、20世紀を代表する有名な経済学者の一人が、教科書でも紹介できるような形で提唱しました。


そこでも、低所得層の労働意欲を弱めないことが重要な狙いとなっています。低所得層の生活を支援する一方で、労働意欲を高めるという、公平性と効率性を同時に狙った仕組みになっており、政策提言としてはかなりいい線をいっています。

†必要な負担増の影響をどう考えるか

しかし、この負の所得税やベーシックインカムにとって、いちばん面倒なのは財源をどうするかという問題です。いま、財源調達の方法として、所得が高いほど重くなる、普通の所得税をひとまず想定しましょう。1億2000万人の日本人に仮に毎月7万円を配ると想定すると、年間で約100兆円必要になります。

日本人全体の所得をGDP（国内総生産）で見れば550兆円程度なので、税を所得に比例する形で徴収する所得税を考えると、単純計算で約18％の所得税がかかります（厳密には、ベーシックインカムの導入によって不要になる生活保護に充てていた税の分をここから差し引きます）。読者の皆さんは、この税率の水準をベーシックインカム導入に必要な追加的負担の〝相場〟として頭に置いて、ベーシックインカムの実現可能性を考えていただきたいと思います。

生活保護を受けている低所得層では、働いたら100％近い税率で所得を持っていかれるので、それに比べたら18％の税率は十分低いと言えます。労働意欲の落ち込みも抑えられます。しかし、生活保護を受けていないある程度以上の所得層は、ベーシックインカム分は追加的に手に入れるとしても、18％の所得税を追加的に負担することになります。「それはやめてほしい」と思わないでしょうか。月収が税引き前で40万円程度を超えると、差し引きして増税になります。

低所得層にとっては、少なくともある程度の所得は政府によって保障されますし、お金をもらっても労働意欲は大きく弱まりません。そうした点を考えると、ベーシックインカムは、公平性と効率性のどちらから見てもたいへん結構な仕組みと言えます。しかし、経済全体から見ると評価が違ってきます。給付金額を高めに設定するほど税負担が大きく増えるので、経済全体にかかる負担がやはり心配になります。これは、効率性の観点からの反論です。

ベーシックインカムは、世界の一部の国々で試験的に実施され、その効果が検証されつつあります。失業するなどして生活に困っている人たちにとっては、ベーシックインカムは生活を支えてくれる、ありがたい仕組みだと歓迎されているようです。また、それを受けることによって引け目を感じたり、働く意欲が弱まったりすることはないという報告もよく目にします。

しかし、それと同じくらい重要な論点は、財源調達のために必要な負担増が経済全体にどのような影響を及ぼすのかです。そして、所得が中程度以上の人たちの行動は、制度の導入によってどのように変化するのでしょうか。さらに、経済全体にかかる「負荷」はベーシックインカムから得られるメリットを十分下回るのでしょうか。そうした点までしっかり調べた例はあまりないようです。

こうした点を考えると、ベーシックインカムの導入は難しいのではないかというのが、筆者の正直な感想です。実際、制度として導入しようとしても二の足を踏む国が多いようです。右に説明したように、ベーシックインカムは魅力的な仕組みなのですが、財源や負担の話をちゃんとしないで、この制度のいいところだけ取り上げる傾向が一部にあるので、注意が必要です。

†社会保障給付をベーシックインカムに置き換えるアイデアも

ベーシックインカムという発想には、それをバージョン・アップしたものもあります。生活保護だけでなく、年金、医療、介護、さらには失業保険などさまざまな社会保障給付をひっくるめて現金給付に一本化し、それを国民に一律給付するというアイデアです。社会保障の給付総額は140兆円ほどです。それを1億2000万人に一律給付すると想定すれば、月額10万円弱になります。もちろん、年金や介護の給付は若い人には不要なので、給付額に年齢で差をつけて給付してもよいでしょう。

先ほどの例では、18%の所得税負担が追加的に必要になると説明しました。しかし、現行の社会保障給付には、社会保険料や税が財源としてすでに投入されています。その分をベーシックインカムに回すとすれば、追加的な負担は不要になります。こうなると、ベーシックインカムをめぐる議論はまったく別の次元の話になります。

社会保障の仕組みは、複雑に入り組んでいます。それを一律の現金給付という形に統一すれば、制度がすっきりして効率的になるというのは、考えてみる価値のあるアイデアです。ただし、給付されたベーシックインカムを人々が社会保障のためにきちんと使うのか、不安なところがあります。

そんなことを言うと、「そのほうが個人のニーズに合ったお金の使い方ができるし、そうしたニーズが社会保障サービスの市場に反映されたほうが、社会保障にとっても望ましい」という、いかにも経済学者が言い出しそうな反論も出てきそうです。すべての個人が合理的に（まじめに）行動していれば問題はないのですが、私にはそこまで言う自信はありません。むしろ、ベーシックインカムの給付によって、政府が本来すべき政策介入が不十分になってしまう危険性も否定できません。

どちらにしても、ベーシックインカムについて、完成された制度の姿を議論するだけでは十分ではないでしょう。完成された制度がいくら素晴らしくても、現行制度からの移行をどのように進めるのかという、きわめて現実的な問題をクリアしなければ先には進めません。さらに、生活保護や医療、介護、年金など、社会保障のさまざまな制度が担っている役割を、ベーシックインカムという現金給付がどこまで果たせるのかという問題もあります。

しかし、状況が大きく、しかも急速に変化する可能性もあります。人工知能（ＡＩ）やロボットの急速な普及によって、労働や賃金、所得といった概念が今までとはまったく変わってくるかもしれないからです。生産活動はＡＩやロボットにすべて任せ、人間はその生産活動の成果を享受するだけ、という世の中になったらどうなるでしょうか。まさしくベーシックインカム的な形で、その成果を人々に一律配分するという仕組みがあってもよさそうに思います。そこでは、効率性と公平性のバランスをどうとるかという問題は姿を消してしまいます。

ベーシックインカムに関して筆者がここで行った議論は、時代遅れになりつつあるのかもしれません。その可能性は、効率性と公平性をめぐる本節の議論全体にもありそうです。

【この章のメッセージ】

▼効率性と公平性のどちらを重視するかで、経済の見方がずいぶん異なってくる。

▼例えば、消費税の在り方を効率性という観点から考えると、価格が高くなっても需要がなかなか減らない生活必需品にこそ高めの税率を設定すべきだという主張が出てくる

▼一方、消費税の在り方を公平性という観点から考えると、低所得層の負担を軽減するために、生活必需品の税率は低めに設定すべきだという主張が出てくる

▼経済学の役割は、効率性と公平性のトレードオフの姿をできるだけ具体的に人々の前に示して、議論の〝交通整理〟を行うことである

第３章
教科書では教えない市場メカニズム

1　評判の悪い市場メカニズム

†経済学はなぜ市場メカニズムを重視するのか

経済学は市場メカニズムを重視します。市場メカニズムとは何か、という問いに答えるのは難しいところですが、価格を通じて需要と供給のバランスをとり、限りある資源を最も効率的に配分する仕組み、とまとめてよいでしょう。そこでは、価格による競争が重要な役割を果たしています。まったく同じ商品であれば、消費者は高い値段をつけて売っているお店よりも、低い値段で提供しているお店でその商品を購入します。その結果、その商品の値段は低いほうの水準に落ち着き、高い値段をつけたお店は市場から撤退することになります。

しかし、このような競争を肯定的に受け止めるのは、経済学者くらいかもしれません。世の中の一般の人は競争を否定的に捉えます。つまり、「経済学者が目指しているのは弱肉強食の社会であり、競争重視は弱者切り捨ての〝強者の論理〟ではないか」という発想をするわけです。そしてそうした発想は、「市場原理主義」あるいは、より広く「新自由主義」といったレッテル貼り作業につながることになります。

経済学者あるいは経済学に対するこうした批判に、正しい面がないわけではありません。確かに競争にはギスギスした、冷酷な側面があります。そして、競争を進めればすべてうまくいくと思い込むのは、楽観的すぎるだけでなく、人間社会や人間行動の多様な側面を無視した危険な考え方です。

だからといって、市場における競争が私たちにもたらすメリットを無視するわけにはいきません。競争に対する批判的な声が絶えないのは、競争が世の中から消え去らないからですが、競争が消え去らないのはそれに大きなメリットがあるからです。そして、そのメリットをきちんと説明できるのは、おそらく経済学だけです。

そういう書きぶりで話を始めると、「なるほど。ということは、この筆者はこの章で市場競争や価格メカニズム云々の長所を強調し、経済学に対する世間の誤解（？）を解くという方向で、話を進めていくんだな」と、読者の皆さんは思われるかもしれません。その推察は半分正しく、半分間違っています。

本章ではまず、経済学は市場メカニズムのすばらしさをしっかり強調するものの、それが万能ではないことを十分認識しており、対応策を講じていることを説明します。第1章でも少し触れたように、市場はしばしば「失敗」すること、そして、その失敗がもたらす問題の是正のために政府が介入することが話の中心となります。しかし、それ自体は、経済学の教科書にかなり書いてある話なので、それほど新味はありません。

本章ではむしろ、次の3点に力を入れて話を進めます。

第一は、政府による市場介入の必要性について、経済学の教科書でよく目にする話の進め方にはどこか無理があるのではないか、という点です。

第二は、人々が市場メカニズムの不十分な面に向き合い、どのように行動を変化させていくか、という点です。

そして、第三は、市場メカニズムが仮に完璧に機能しているとしても、どうしても越えられない壁があるということです。

いずれも、第2章で詳しく議論した、効率性と公平性という経済学が持っている2本の評価軸に深く関連するテーマです。

†市場メカニズムの良いところ——消費者の立場から

市場メカニズムが私たちの経済社会にとって重要な役割を果たしていることは、経済学の教科書では、「厚生経済学の第一定理」として説明されます。簡単に言えば、市場が完全に競争状態にあり、価格による需給調整が働いていると、最も効率的な——厳密には、パレート効率的な（24ページの説明を参照）——資源配分が実現されることが、一定の仮定の下で理論的に証明されます。この定理の説明はやや面倒ですので、ここでは、直感的に理解しておきましょう。

最初に、私たち消費者にとって企業間の競争がどのような点で望ましいかということを考えてみます。これは、それほど難しい話ではありません。企業が完全な競争状態に置かれている場合、少しでも価格を引き上げようとすると、お客をほかの企業に持っていかれます。競争状態が完全でなくても、値上げをすればお客は少なくなります。つまり、競争によって価格をできるだけ低く抑えようとする力が働くわけです。このように企業が競争の波にさらされていることは、できるだけ安くその財を買おうと考えている消費者にとってありがたいことです。価格が低ければ低いほどその財を数多く買えるし、別の財の購入を増やすこともできるので、私たちの効用は高まります。

ここで、消費者が企業の経営者たちに対して、「競争なんかやめて、みんなで仲良く協調すればよいではないか」と言えば、彼らはどのように反応するでしょうか。経営者はライバル会社と「仲良く協調」し、消費者に売る価格を釣り上げるはずです。どの店に行っても高い価格でしかその商品を買えなくなるので、消費者はたいへん困ります。

競争に負けた企業は店を閉め、「敗者」として市場から撤退することになります。しかし、それを悪いことだと決めつける理由は、消費者という立場に立てば見当たりません。競争に負けた敗者をかわいそうだと思うのは人情かもしれませんが、「では、なぜあなたは、その企業ではなく、ほかの企業から買ったのか」という反論に答えられないからです。あなたは、その企業の供給する財やその価格に魅力を感じなかったから、ほかの企業から購入したのです。

自分は安くて良い品物を売っている店を選んでいるのに、競争は良くないことだ、市場原理主義はダメだと主張するのは、よく考えてみるとおかしな話です。競争を避けたい気持ちがそれだけ私たちにあるということなのでしょうが、ここでは市場メカニズムの長所を強調しておきたいと思います。

†市場メカニズムの良いところ――経済全体にとって

企業間の競争は、家計にとって望ましいだけではありません。経済全体にとっても、大きなメリットを持っています。企業が少しでも価格を引き上げようとすると、よほど魅力的な財を供給しない限り、ほかの企業にお客を奪われます。そうした中で企業が利潤を最大化するためには、技術開発によって生産性を高めると同時に、原材料や労働力の投入を切り詰めて、できるだけ費用の削減に努めなければなりません。原材料も労働力も限られた資源です。その限られた資源の投入をできるだけ節約することは、資源の有効活用という点で極めて重要です。

例えば、ある製品を1個生産するために100グラムの鉄が必要だったところ、技術革新によって80グラムで十分になったとしましょう。これは、この企業が利潤を得るために創意工夫をした結果です。このとき、節約された20グラムの鉄は、鉄を原材料として必要としている、別の製品の生産に回すことができます。これが、限られた資源である鉄の有効活用という点からみて望ましいことは明らかです。

重要なことは、こうした資源の有効活用が、「モノは大切に使いましょう」といった道徳的な説得、あるいは、「お前のところでは、鉄の投入量は〇〇トンに制限する」といった政府の命令によって進められるのではなく、企業間の競争と価格の需給調整メカニズムによって、自動的に進められるという点です。

さらに、話を家計による需要にまで広げてみましょう。家計は各財の価格を見比べながら――このことを経済学では、各財の相対価格に注目して、としばしば表現します――、効用が最大になるように各財の需要量を決めます。この場合、価格が高い財ほど社会全体にとって希少な資源を多く使っているはずです。そして、家計は、限られた予算の下で効用最大化を目指すわけですから、ほかの条件が等しい限り、価格の高い財の購入には消極的となり、できるだけ価格の低い財を購入しようとするはずです。

ここから、次の2点が指摘できます。

第一に、間接的ながら、相対価格に注目することにより、希少な資源ほど家計は購入しなくなるというメカニズムが働いていることがわかります。つまり、社会全体で、希少な資源を節約する仕組みがあるわけです。

第二に、これも間接的な仕組みですが、資源は、それを欲しがっている度合いに応じて各家計に配分されることになります。簡単に言えば、資源は、それをあまり欲しがっていない人より、欲しがっている人の手に渡っていく、ということです。これは望ましい調整機能です。

このように考えると、市場メカニズムが、資源配分の仕方として優れた仕組みであることがわかります。しかも、前述のように、道徳的な説得や政府の命令によってではなく、企業間の競争と価格とによって、それが自動的に達成されるという点に改めて注目してください。市場メカニズムには、効率的な資源配分という観点から見てかなり高い点数を与えることができると考えられるのは、こうした理由があるからです。

†教科書が説明する市場の「失敗」

しかし、**市場に任せておけばすべてうまくいくと考えるほど、経済学は楽観的ではありません。市場は理想通りには機能せず、しばしば「失敗」します。**

その失敗の代表例としては、公害があります。企業が利益追求のために、生産の結果生じる有害な物質を河川にたれ流したら、環境や健康に被害が出ます。こうした企業に対しては、政府がそうした生産をやめさせる必要があります。規制を講じたり、罰金を科したりすることが考えられます。

逆に、市場に任せておくと供給不足になるものもあります。図書館がそうです。図書館があると便利ですが、図書館の本は独占できないし、たまにしか行かないとなると、建設費用の分担を求められても応じない人が多いでしょう。そうなると、図書館は簡単には建設されません。この場合は、政府が税金を住民から集め、図書館を公共施設として建設する必要があります。

さらに、商品に関する情報が不十分であれば、消費者が迷惑を被ることがあります。価格を通じて需給がうまく調整されるとしても、取引される商品に関して売り手と買い手の間で情報が共有されていなければ問題が起こります。買い手に専門知識が不足していると、インチキ商品や不必要な品物を買わされます。医療サービスや薬品の場合は、問題が命に関わります。そのため、医師や薬剤師になるためには国家資格が必要になります。

市場の失敗には、このほかにも多くの例を挙げることができます。いずれの場合も、市場メカニズムに完全に任せるわけにはいかず、何らかの形で政府が介入する必要があります。経済学の授業では、こうした市場の失敗に対して政府がどのように対応すべきかを丁寧に説明しています。

しかし、筆者が経済学の教科書を読んでいて、また、授業でその説明をしていて、少し気になることがありますので、以下ではそれを紹介することにします。いずれも、市場メカニズムの説明の仕方における経済学のクセのようなもの――しかもそれは、通常の発想から見るとちょっとズレていると思わざるを得ないものです――が少し顔を出しています。

2　医療保険の強制加入――その奇妙な理由づけ

†なぜ医療保険は強制加入なのか

私たちは会社勤めを始めると、有無を言わせず医療保険に加入させられます。大企業に勤めていると組合健保、中小企業であれば協会けんぽ、公務員であれば共済組合という医療保険があります。自営業者や短時間の非正規雇用者であれば、国民健康保険に加入することが義務づけられています。

このように、私たちが医療保険の加入を義務づけられているのは、いわば政府による〝おせっかい〟です。「自分の健康は自分で守る。医療保険に加入するかどうかは、自分の意思で判断する」と考える人が出てきてもおかしくありません。実際、がん保険など、民間の保険会社が売り出している医療保険もあります。

それでは、私たちはどうして医療保険に加入を義務づけられているのでしょうか。経済学の教科書に出てくる通常の説明を、以下簡単に紹介しましょう。

最大のポイントは、自分がどのような疾病リスクを抱えているか、自分は他人――この場合であれば、保険会社や医師――以上に正確な情報を持っていると仮定したうえで教科書が話を進めていることです。例えば、たばこを1日に何本も吸い、お酒も浴びるほど飲んでいて、疾病リスクが高い人がいるとしましょう。彼は、自分の疾病リスクがほかの人より高いことは知っていますが、医療保険を売り出している保険会社は知りません。

つまり、彼の疾病リスクに関する情報は、医療保険の売り手と買い手との間で「共有」されず、買い手のほうに「偏在」しています（こうした状況を、「情報の非対称性」と呼ぶことがあります）。このとき、医療保険の販売や購入を民間の保険会社と個人に任せていたら、どのような問題が起こるでしょうか。読者の皆さんは、経済学の教科書の説明にしばらくお付き合いください。

†「逆選択」という説明

話を簡単にするために、病気が1種類しかなく、その病気にかかる確率は平均的に見ると100人に1人、つまり、1%だとします。そして、その病気を治すためには100万円の医療費がかかるとしましょう。保険会社が、その病気になれば医療費を全額カバーする医療保険を売り出すためには、少なくとも1人当たり1万円（＝100万円×1%）の保険料を徴収する必要があります。

この保険を購入する人は、どのような人でしょうか。疾病リスクが普通の人の1%より高い人でしょう。そういう人たちなら、1万円の保険料を支払っても損にはなりません。疾病リスクの低い人たちは逆に損になるので、この保険を購入しません。

こうした状況は、保険会社にとって非常に困ったことになります。保険会社は、保険を購入しに来る人たちの疾病リスクを知りません。疾病リスクが、社会全体では1%になるということを知っているだけで、それに基づいて1万円で保険を売り出したわけです（もちろん、1万円であれば儲けがでないので、1万2000円に値段を設定する保険会社も出てくるでしょう。しかし、保険会社の間で顧客の獲得競争が進むと、保険の値下げが続き、保険の価格は最終的に赤字が出ない1万円に落ち着きます）。

ところが、保険を実際に売り出して見ると、予想に反して赤字が発生してしまいます。というのは、保険の価格が1万円では得になる、疾病リスクの高い人だけが顧客になり、保険会社の保険給付が保険料収入を上回ってしまうからです。

しかし、これで話が終わるわけではありません。保険会社は採算をとるために、保険料を引き上げて例えば1万2000円にするかもしれません。このとき、値上げした保険を購入する人は、1万2000円でも元がとれる、疾病リスクのより高い人たちに絞られます。そうなると、保険会社は再び赤字になります。したがって、また保険料を引き上げる。そうすると、さらに疾病リスクの高い人たちだけがやってくる……。

こうしたプロセスはどこまで続くのでしょうか。世の中で疾病リスクの最も高い人だけが、この保険に入ります。その人は1人だけになるので、疾病リスクを複数人で分かち合うという保険の意味がなくなります。つまり、医療保険は消滅してしまうのです。

このように、**医療保険の供給や加入を民間に任せると、リスクの高い人だけが加入し、最終的には、保険の仕組みが成り立たなくなってしまうことを「逆選択」と言います。**このとき、疾病リスクの低い人は、医療保険に入ることができなくなることにも注意してください。この逆選択という状況が発生すると、疾病リスクをみんなで分かち合うことができる医療保険という仕組みのメリットを私たちは享受することができません。だからこそ、疾病リスクの高低に関係なく、すべての人々に加入を義務づける医療保険を用意することが必要になる――以上が、医療保険の強制加入を理由づける通常の説明です。

逆選択という概念を用いて、医療保険が強制加入の仕組みになっていることを授業で説明すると、学生は「なるほど、よくわかった」という顔をします（授業内容をどこまで理解してくれたかは、学生の顔色でよくわかることがあります）。疾病リスクをめぐる情報の非対称性が原因となって逆選択という市場の失敗が発生し、政府が強制加入の医療保険を導入するという形でその市場の失敗を是正するというロジックは、直感的にも理解しやすいですし、知的な満足感を与えてくれます。

＊なお、ついでながら言うと、逆選択という概念を用いて説明される医療保険の強制加入の必要性は、医療保険が政府によって独占的に提供される必要性までは意味しません。民間の保険会社に医療保険の提供は任せたうえで、「どの会社の保険を選んでもいいですが、どこかの保険に必ず加入してください」という仕組みでも構いません（そうした仕組みの例として、自動車の自賠責保険が挙げられます）。こちらのほうが、保険会社が競争状態に置かれ、サービス向上につながるという面もありそうです。

†逆選択は、実は生じないのではないか

しかし、筆者にはこうした教科書的な説明にどうも腑に落ちないところがあります。右の説明では、自分の疾病リスクは自分がよく知っていて、保険会社はあまり知らないという想定を置いています。読者の皆さんは、この想定がうさん臭いと思いませんか。

保険会社も営利企業です。自社の売り出す保険の顧客リストからは、疾病リスクの高い人はできるだけ排除したいと考えます。読者の皆さんも、海外旅行に出かける際、旅行保険に入ろうとするとき、「どの国にどれだけの期間旅行しますか」「旅行ですか、出張ですか」という質問のほか、ときには、「スカイ・ダイビングのような危険なことをする予定ですか」という質問にも答えさせられます。その答え方次第で支払う保険料の金額が違ってくると思いますが、保険会社は、保険を買おうとする人がどれくらいのリスクを抱えているのかをできるだけ探ろうとしています。

生命保険に加入する場合も、それと同様です。契約を結ぶ前に、何か持病を持っているか、これまでどのような病気にかかったかなど、いろいろと訊《き》かれます。疾病リスクが高く、近々大病を患《わずら》う可能性が高いような人だと、加入を断られることもあるでしょう。

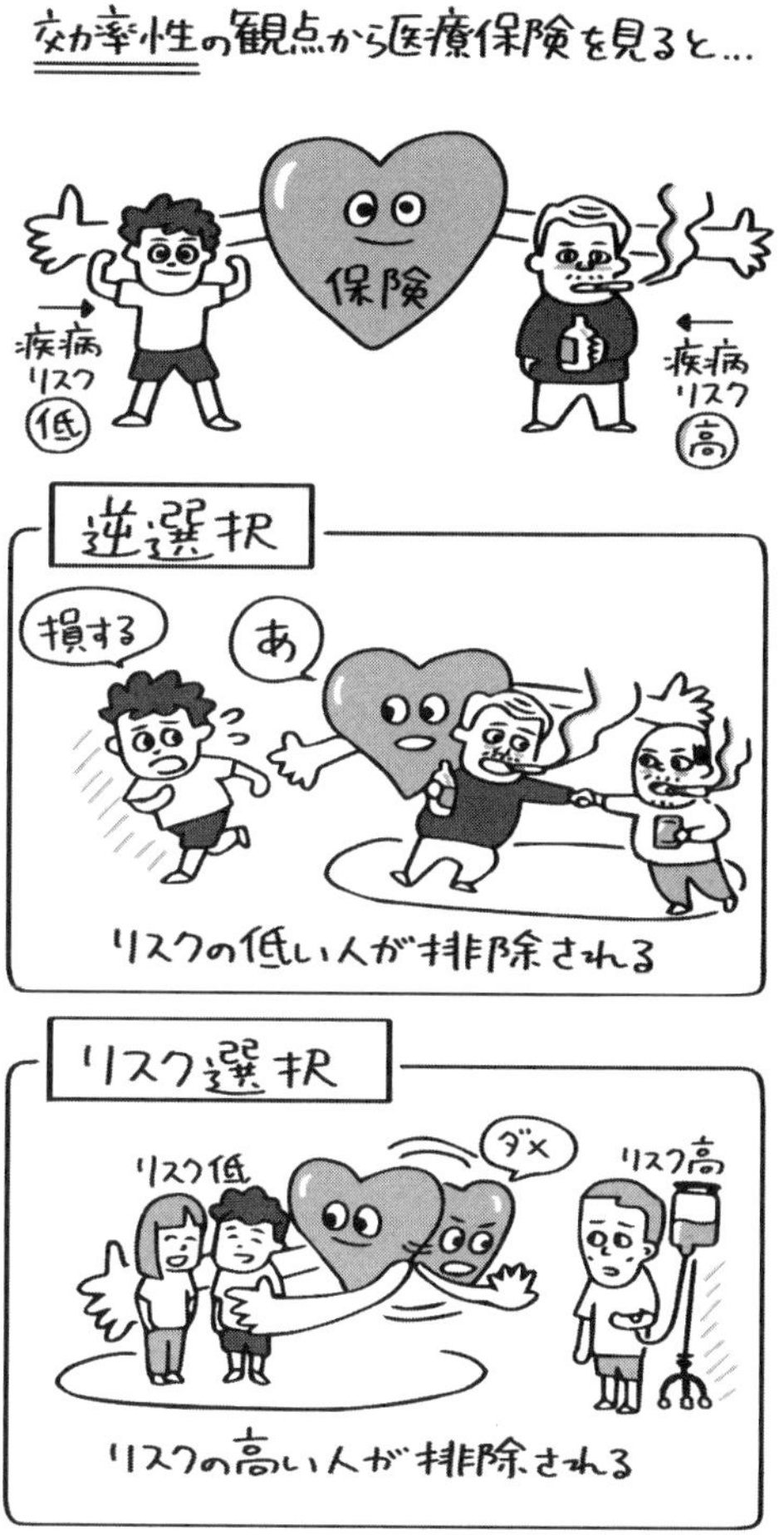

効率性の観点から医療保険を見ると…
保険
疾病リスク低
疾病リスク高
逆選択
損する
あ
リスクの低い人が排除される
リスク選択
リスク低
ダメ
リスク高
リスクの高い人が排除される

旅行保険でも、生命保険でも、保険契約を結ぶ前には、リスクをめぐる情報の非対称性はかなりの程度軽減されます。そして、リスクの高い人は高い保険料を支払わされ、場合によっては加入できなくなります。逆選択の場合は、リスクの高い人だけが保険に加入でき、低い人は保険から排除されました。それに対して、ここでは保険から排除される、また、加入できても高い保険料を求められるのは、リスクの高い人のほうである――そうした状況を**「リスク選択」**と呼びます――という対照的な形になっていることに注意してください。

いま問題にしている医療保険の場合でも、状況は同じです。私たちが自分の疾病リスクに気づくのは、会社が定期的に行う健康診断であったり、医師の診断を受けたりする場合です。そこでは、自分の疾病リスクに関して、自分と他人との間で情報がある程度共有されています。疾病リスクに関しては、情報の非対称性は教科書が描くほど深刻な問題ではないのではないかと思えてきます（さらに言えば、髪の毛1本を用いた検査でもかなりのことがわかる遺伝子情報のように、自分よりも他人のほうが詳しくわかっている場合もありそうです）。

†リスクに合った複数の保険が成立する

それでは、疾病リスクに関して情報の非対称性がない場合、医療保険の提供や加入を民間に任せても問題は生じないのでしょうか。この場合、疾病リスクの高い人用の医療保険と、低い人用の医療保険が同時に存在する可能性が出てきます。どうしてでしょうか。

当然ながら、保険料は、高リスク者用の保険のほうが低リスク者用より高くなっていきます。そのため、低リスクの人はそうした高リスク者用の保険に加入しようとは思わず、低リスク者用の保険を選ぶはずです。一方、高リスク者から見ると、低リスク者用の保険は保険料が低くて魅力的ではありますが、保険会社が「あなたはリスクが高いからダメです」と言って加入を断るはずです。そのため、高リスク者は高リスク者用の保険を選ばざるを得ません。

つまり、疾病リスクの低い人は低リスク者用の保険に、高い人は高リスク者用の保険に入ることになります。保険会社も、それぞれリスクに見合った保険料を設定し、また、想定外のリスクの人は加入していないので、赤字になることはありません。このように、需要と供給が2つ以上の異なる水準で均衡（バランス）している状況を、「分離均衡」と呼ぶ場合があります。

実現しているのが分離均衡というやや特殊な形態であったとしても、均衡として成立しているのであれば、文句はないはずです。市場はしっかり機能しており、「失敗」していませんん。市場が失敗していないのであれば、政府が市場に介入する理由は見つからないはずです。つまり、政府がわざわざ強制加入の医療保険を導入することは、理論的に正当化できないことになります。

経済学の教科書では、疾病リスクに関する情報の非対称性を前提にして、逆選択という市場の失敗が起こることを説明し、医療保険が強制加入の仕組みになっていることを説明するのですが、疾病リスクに関する情報の非対称性を前提にしないと、ロジックが破綻《はたん》してしまいます。

私はむしろ、医療保険が強制加入の仕組みであることを説明するために、経済学の教科書は疾病リスクに関する情報の非対称性を想定したのではないかとすら思っています。そのほうが、市場の失敗が発生しているので政府の介入が必要になるという、経済学のオーソドックスな議論の進め方にすんなり合致するからです。だからこそ、逆選択というはなはだ人工的（?）な色合いの濃い概念が教科書から姿を消さないのでしょう。

†強制加入が必要な真の理由——公平性の観点

市場メカニズムを重視する効率性の観点からは、医療保険の強制加入を理由づけることは、教科書における説明とは逆になかなか難しいのです。それでは、医療保険が強制加入になっている状況は、経済学では説明できないことになるのでしょうか。私はむしろ、**経済学が持っているもう1つの評価軸、つまり、公平性という観点からこそ医療保険の強制加入の理由が説明できる**と考えています。その理由を説明しましょう。

右に説明したように、疾病リスクに関する情報の非対称性がないと、低リスクの人は低い保険料で、高リスクの人は高い保険料でそれぞれの疾病リスクに見合った医療保険に入ります。高リスクの人の中には、リスクがあまりに高くて加入できる保険が存在しないという人がいるかもしれません。

ここで注目したいのは、疾病リスクの高低が何によって決まるかです。その人の不摂生が疾病リスクの原因になっており、不健康な生活を送っている人が高い保険料を払うのは当然だ、という考え方もあるでしょう。しかし、生まれながらに健康面で問題を抱えている人たち、また、生まれ育った家庭環境が劣悪で、偏った食事や不衛生な生活を送っていたために、大きくなっても病気がちな人たちはどうでしょうか。

自己責任だけで、疾病リスクが高くなったわけではありません。「あなたが病気がちなのは、あなたに責任があるんだ」と言い切るのは、あまりに冷酷です。そして、疾病リスクと所得水準とは、一方向の因果関係ではないにしても密接に関連していること、はっきり言えば、所得が低いほど疾病リスクが高くなることは、多くの研究によって明らかになっています。

そのように考えると、疾病リスクが高い人に、リスクが高いからという理由だけで高い保険料を払わせたり、医療保険から排除したりするのが望ましくないのは明らかです。むしろ、そうした高リスクの人々を社会全体で支援するためにこそ、リスクの高低には関係なく、すべての人に保険加入を義務づける医療保険が求められることになります。つまり、医療保険が強制加入であることは、効率性よりも公平性の観点から正当化したほうが納得しやすいように思います。

それでは、政府が医療保険を強制加入の仕組みにし、保険料にも差をつけないとすれば、どのようなことが起こるでしょうか。加入者から一律に集めた保険料は、疾病リスクが高く、実際に医療ケアを受けた人たちの医療費に相対的に多く充てられることになります。

その結果、日ごろから健康に気をつけている疾病リスクの低い人にとっては、医療保険への加入は、〝損得勘定〟から言えば損になります。しかし、それだけを理由にして、医療保険の強制加入を声高に非難する人はまずいないでしょう。疾病リスクの高い人を助けることが自分にとっての損得以上に大切であるという意識が、広く共有されているからだと思います。

なお、このような医療保険が導入されると、事後的に見れば、低リスクの人たちから高リスクの人たちに所得が移転します。疾病リスクは所得が低いほど高くなる傾向を考えれば、これは、高所得層から低所得層への所得再分配効果を生んでいると考えてもよいでしょう。この点も、所得格差の是正が望ましいという公平性の観点からはプラスに評価されるところです。

もっとも、医療保険を所得再分配のための仕組みと受け止めることには問題があります。所得再分配のためには、税のほうがより直接的な装置と言えるからです。さらに、医療保険による所得再分配は、疾病リスクを社会の構成員全体で分かち合う結果、事後的に発生するという性格のものです。その点には注意が必要です。

†残された2つの問題

以上が、医療保険の強制加入に関する筆者の基本的な考え方です。しかし、読者の皆さんに是非考えていただきたい問題が2つあります。

第一は、喫煙者と非喫煙者に対する保険料率を同一にしてよいか、という問題です。喫煙者のほうが、疾病リスクが高めになっています。疾病リスクが高い人を医療保険の強制加入で支援することには、すでに説明したように十分な理由づけができます。しかし、喫煙者の保険料負担については、わだかまりを持つ人が少なくないかもしれません。「強い意志があれば禁煙できるはずなのに、そうしないのはその人が悪いからではないか。その結果として高くなる医療費を、なぜ非喫煙者が負担する必要があるのか」という意見も、説得力を持っています。

保険料で差をつけようと思っても、喫煙者と非喫煙者とを正確に識別することが難しいというのが、保険料率を同一にしている最大の理由でしょう。情報収集に必要なコストを考えると、同一の保険料率も止むを得ないということなのかもしれません。これに対して、たばこ税は喫煙者しか負担しませんから、そうした識別の問題は発生しません。しかし、たばこ税の税収だけで喫煙による社会的なコストを吸収しきれるのか疑問が残るところです。

第二は、遺伝子技術の進展を背景にして、数千万円、場合によっては1億円を超えるような高額医薬品が登場し、医療保険に収載されるケースが少しずつ増えてきていますが、その影響をどう考えるかという問題です。実際、そうした高額医薬品の使用によって企業の健康保険組合の収支尻が悪化するケースが報道されるようになっています。

これまで治療が不可能だった人たちが、高度な医療技術のおかげで健康になること自体は大変すばらしいことです。しかし、そうした恩恵を受ける人たちが極めて限定的であり、しかも、その医薬品を医療保険でカバーするために人々の保険料負担が高まることを、どう評価すべきかという問題はどうしても残ります。効率性と公平性のトレードオフという、経済学にとって最も重要な問題がここに尖鋭的《せんえいてき》な形で現れています。この問題を解決する名案は、簡単には頭に浮かんできません。

3　あまりにも特殊な教育市場

†教育に関する教科書的な説明

市場メカニズムの奇妙な機能が見られる場面として、本節では教育を取り上げます。経済学の分野でも教育は重要な研究テーマになっており、教育経済学という分野がしっかり確立しています。私たちはどうして教育を受けるのか、その理由についての伝統的な考え方は、「人的資本論」と言われるものです。これは、人間をあたかも機械や工場のような資本（人的資本）とみなし、その生産性を高めるために私たちは教育を受ける、あるいは子供に教育を受けさせるというものです。

子供をすぐに働かせるのではなく、まず学校に通ってもらって必要な知識を習得させたほうが、大人になってから稼ぐ所得は高まります。学校に払う授業料や、学校に通うために稼ぐのを諦めた所得は、教育を受けるために支払うコストです。そのコストを上回る便益が将来生まれるからこそ、私たちは子供に教育を受けさせます。まさしく、投資です。

こうした人的資本論的な説明に、真っ向から異を唱える人はいないでしょう。とくに、特定の職業に就くためには専門的な知識や技能の習得が必要になりますが、そうした分野では人的資本論の説明はぴったり当てはまります。

さらに言うと、医療保険の場合と同じように、教育でも政府の介入が必要になります。私たちは、右に説明したような教育の効果をしっかり認識して教育を受けるわけではありません。勉強より遊ぶほうがはるかに楽しいからです。さらに、教育の効果は、自分の生産性や所得を高めることにとどまりません。社会全体の生産性を高め、他人の生活を豊かにすることにも貢献します。ただし、私たちはそこまで考えて教育を受けるわけではありません。

そのように考えると、教育をどれくらい受けるかについて人々の選択に任せると、本人や社会のどちらにとっても不十分な教育しか提供されないことになります。これも一種の「市場の失敗」と言えるでしょう。その失敗を回避するために、政府は子供に教育を受けさせることを親の義務とし、そしてそのための費用を公費（税）で賄《まかな》っています。以上が、教育に関する教科書的な説明です。

読者の皆さんも、こうした説明については理解できるのではないでしょうか。ただし、「人間をあたかも機械のように扱い、生産性の向上だけを教育の目的と位置づけるのはいかにも経済学者の考えそうなことだ」という批判はあり得ます。確かに、教育は知識の修得だけでなく、豊かな人間性を養う重要な社会的仕組みと言えるでしょう。人間的な営為である教育を人的資本論流に捉えることには、筆者もわだかまりを持っています。教育については、誰もが〝思い入れ〟を持っており、百人いれば百通りの教育論が展開されそうです。

以下では、人的資本論というオーソドックスな考え方では捉えきれない、教育の奇妙な特徴を考えていくことにしましょう。

†教育の「オプション・バリュー」

筆者はずいぶん前に、『教育を経済学で考える』(日本評論社、2003年)という本のなかで教育の持つ奇妙な特徴を説明したことがあります。以下ではまず、その本の中で行った説明を簡単に紹介します。その上で、それが市場メカニズムの機能という観点からどのように評価されるのか、というところに話を持っていきたいと思います。ただし、教育に関する意思決定は親が下すことがほとんどなので、以下では子供に受けさせる教育に話を限定しましょう。

前節では、疾病リスクに関する情報の非対称性の話をしました。情報が本人と保険会社との間でどこまで共有されているか、偏在しているかが、医療保険にとって重要なポイントとなっていました。

それでは、教育の場合はどうでしょうか。ここで注目したいのは、子供の能力――話をもっと限定するのであれば、学力――に関する情報が、非常に曖昧で不確実だという点です。親だからといって、自分の子供がどこまで伸びるのかよくわかりません。第2章で紹介した無知のヴェールに覆われている状況とは、まさしくそうした親、そして親以上に子供本人にも当てはまりそうです。

この場合、親はどのように考えるでしょうか。お金になんとか都合がつけば、子供を塾に通わせてとりあえず勉強させよう、と思うはずです。もちろんお金はかかりますが、塾に通わせれば成績が上がるという期待はとりあえず持てます。通わせないとその期待を持つことがそもそもできません。だとすれば、その期待に賭けようと思うのが人情です。勉強しても、成績が上がる保証はありません。〝蛙の子は蛙〟という言葉もあります。

その一方で、〝鳶《とび》が鷹《たか》を生んだ〟というケースもあります。親は勉強が苦手だったのに、なぜか子供は勉強好きで、いい大学に受かったということもあるでしょう。その意味で、教育には、将来の成果に期待できる面があります。

教育のそのような価値を「オプション・バリュー」と言うことがあります。オプションとは選択、バリューとは価値のことです。このオプション・バリューは、教育を受けることを選択したことによって、将来得られると期待される学歴や所得の最大値と考えておいていいでしょう。教育を受けるという選択をしなければ、そうした期待はそもそもできません。

教育需要は、このオプション・バリューがどこまで大きいか、言い換えると、子供の能力に関する不確実性に依存することになります。子供の能力があらかじめ正確にわかっており、塾に通わせても効果が出てこないことが明らかであれば、親は子供を塾に通わせないでしょう。効果があると思うから、子供を塾に通わせるのです。教育需要には、オプション・バリューという形で「夢」が支えているところが少なからずあります。

教育については、その初期段階に限っていうと、生徒の能力に関する情報の非対称性という問題は深刻になっていません。その情報は、本人にとっても、親にとっても、そして先生にとっても不確実です。普通の商品の場合は、その商品がどのようなものか不確実であれば、誰も手を出しにくく、市場取引も成立しにくいと言っていいでしょう。ところが、教育はむしろ、それを受けてどうなるかよくわからない、という不確実性こそが市場取引――そこでは、塾が売り手、子供を持つ親が買い手になります――を成り立たせています。教育と同じような性格を持っている商品としては、宝くじやロトくじがあります。要するに、教育にはギャンブル性があるのです。

†子供の能力を見極めていく教育

ところが、教育に対する需要にはもっと面白い特徴があります。自分で自分を冷やしていく、「自己冷却機能」とでも呼べるものです。それを説明しておきましょう。

頭のよい子は、塾に行くと問題を解くテクニックが身について、ますます頭がよくなります。そうでない子供は、塾に行っても成績はよくなりません。こうした頭の良し悪しは、小学校の低学年ではあまりはっきりしません。先生も、入学してから間もない生徒の能力について、しっかりとした情報を持っているわけではありません。低学年では、学校で行われるテストもかなり簡単なので、能力の違いを見極めるのはかなり難しそうです。

ところが、高学年になり、中学、高校へと学年が上がっていくと、学校や塾、模擬試験など学力が測られる機会が増えてきます。何回もテストを受けると、その子供の学力はだんだんと明らかになっていきます（学校から持って帰ってきたテストを親に見せずに隠すことは、ときには可能でも、長期にわたって続けることはできないと想定しましょう）。そして、これも重要な点ですが、その学力という情報は、子供や親、学校の先生たちの間で共有されていきます。偏差値という情報は、その最も代表的なものです。

このように、子供の能力に関する情報の不確実性が低下していくと、教育需要に興味深い変化が生まれます。つまり、子供の能力が低いことが明らかになり、お金と時間を使って教育を受けさせてもあまり意味がないと判断した層は、教育から手を引きます。他方、子供に能力がある程度備わっていることがわかった層は、教育をさらに受けさせたら子供はもっと賢くなるのではないかと思い、子供に教育を受けさせ続けるでしょう。このうち、後者の層には、子供の能力をめぐる不確実性を十分に払拭《ふっしょく》できず、場合によっては、「勘違い」で子供に教育を受けさせ続けている人たちも一定数いるはずです。しかし、そうした人たちの中にも、将来のどこかの時点で現実に直面せざるを得ず、教育から手を引く人が出てきます。

筆者は、こうした教育需要の経済学的な特徴を考えるとき、ブロードウェイ・ミュージカル『ラ・マンチャの男』（*Man of La Mancha*）で歌われる、最も印象的な主題歌「見果てぬ夢」をいつも思い出します。日本では、二代目松本白鸚《はくおう》さんが朗々と歌い上げることで知られる名曲ですが、原題は *The Impossible Dream* です。この原題を「不可能な夢」ではなく、「見果てぬ夢」と訳した訳詞家のセンスには脱帽するしかありませんが、教育にもまさしく「見果てぬ夢」と言える面があります。

わが子の教育のことを真剣に考えている親御さんの中には、イメージが飛躍しすぎではないかと思う方もいらっしゃるかもしれません。しかし、ここで理解していただきたいのは、**教育は、子供に受けさせ続けていくことで、子供の能力に関する不確実性を次第に引き下げていき、受けても効果がありそうな人だけが受け続けるという側面を持っている、という点です。これこそが、教育需要の「自己冷却機能」と呼べるものです。**このような機能を備えている商品やサービスは、教育以外にはあまり見当たりません。

†教育という情報収集装置に必要なコスト

筆者は、かなり偏った見方で教育を語っていることを自覚していますが、あとで大幅に修正するつもりですので、このままもう少しお付き合いください。筆者がここで特に注目したいのは、教育が子供の能力を見極め、能力をめぐる不確実性を引き下げていくことが、経済全体から見てどのような意味があるか、という点です。

この問題を、まず、効率性の観点から考えていきましょう。社会全体において教育に向ける資源に限りがある場合、その資源を最も効率的に利用するためには、能力の高い子供に集中的に資源を投入すべきだという考え方があり得ます。実際、世界各国を見渡すと、大学など高等教育には税を財源とする多くの公費が投入されていますが、高等教育を受けるためには、ある程度の学力があることが必要となっています。

ここで問題になるのは、高等教育に至るまでに、どのようにして子供の能力を見極めるかです。子供の能力を正確に見極めるためには、子供に長い間にわたって教育を受けてもらい、何度も試験を繰り返し、能力をめぐる不確実性を引き下げていく必要があります。

こうした作業を、能力に関する「スクリーニング」と呼ぶ場合があります。このスクリーニングのために必要なコストを社会全体で負担するための仕組みという側面が、教育に備わっているように思います。

効率性の観点から言えば、教育には限られた資源を最も有効に活用することが要請されています。能力の高そうな子供を選び出し、その子供にもっと能力を高めてもらって、その成果は後で社会に還元してもらったほうが効率的だ、という発想です。成果の還元の仕方は、そうした子供が大人になってから、その高い生産性で社会全体の生産向上に貢献してもらったり、あるいは高い所得に応じて高い税金を支払ってもらったりするといった形が考えられます。

しかし、そうしたことが可能になるためには、能力という情報を収集する必要がありますす。そのためには十分に長い時間をかけて、じっくり調べていく必要があります。そのための手段が教育です。つまり、**市場は、限られた資源を最も有効に活用するという形で個々の機能を最大限に発揮するために、教育というコストのかかる仕組みを創設し、内部に抱えている**わけです。

読者の皆さんは、こうした説明に反発を感じるかもしれません。筆者自身が、自分の説明に嫌悪感を少なからず抱いているので、読者の皆さんが反発しても当然のことだと思います。ところが、筆者がこうした教育の持つメカニズムを研究論文にまとめて海外の学術雑誌に投稿した際、査読者（論文の内容をチェックする匿名の第三者）から、「あなたが指摘しているような、教育の市場メカニズムにかかるコストは、市場が効率性を最大限に発揮するために必要なものだ。それを市場メカニズムの問題点と解釈することは間違っている」というコメントをもらった経験があります。

論文は修正の上なんとか採択してもらいましたが、筆者はその際、経済学者が頭に描く市場メカニズムとはそういうものなのかと、重く受け止めた記憶があります。「それなりのコストはかかるが、そのコストさえかければきちんと働いてくれる。逆に、コストをかけないとうまく働かない」――つまり、コストを織り込んでこその市場メカニズムだということになります。なるほど。

†公平性の観点から見た教育

これまで、個人の能力を識別していくスクリーニング機能に注目しながら、効率性の観点から教育の経済学的な特徴を説明してきました。しかし、経済学の立場からのものの見方に限定したとしても、それだけで教育の果たす役割をすべて説明できるわけではもちろんありません。とりわけ、教育に政府が介入することには、多くの根拠づけができそうです。そこで、公平性の観点を議論に加えてみましょう。

子供たちに基礎的な学力を身につけてもらうことは、その子供の生産性向上に直接つながるだけでなく、社会全体の生産性向上に大きく寄与します。しかし、そうした教育の社会的な効果まで考えて、親は子供に教育を受けさせるわけではないので、政府は何らかの形で教育を強制的に受けさせる必要が出てきます。

また、能力が高い子供たちを選別し、彼らに公費を重点投入して高い教育を受けさせることは、効率性の観点から見ると是認できそうですが、一概にそうとは言えない面もあります。というのは、そうした教育の結果、生産性の高い者と低い者との格差が大きくなるわけですが、そこで所得再分配を行おうとすると、生産性の高い者に高い税率で課税する必要が出てきます。そうなると、能力の高い者の労働意欲が大きく削《そ》がれ、経済全体の生産が抑制されて、結局のところ十分な所得再分配ができなくなるかもしれません。

そうした問題を考えると、能力に基づく選別を過度に行わず、できるだけ多くの子供たちに高い教育を受けさせ、全体の〝底上げ〟をしておいたほうがよいのかもしれません。卒業後に所得再分配を行おうと思っても、教育格差がそれほど大きくなく、したがって生産性の格差もそれほど広がっていなければ、税が経済に及ぼす歪《ひず》みは小さくなります。こちらのほうが、社会全体の厚生にとって望ましくなるという面もありそうです。

要するに、公平性を教育後に追求するか、教育の途中で追求するかという違いだということになります。前者は「アウトプット公平性」を、後者は「インプット公平性」を追求する、と整理することもありますが、教育分野における政府の介入の在り方については、難しい問題が関わってきます。そして、その問題は、社会全体で所得再分配をどのように行うかというテーマとセットで議論しなければなりません。

†おまけ——恋愛・結婚と情報の不確実性

教育が子供の能力をめぐる不確実性を弱めていくプロセスであり、教育に対する需要はその不確実性が残っている限り続くという説明に、読者の皆さんはどこまで納得できたでしょうか。実は、不確実性が私たちの行動に大きな役割を果たす場面は、ほかにもあります。恋愛がそれです。ついでに、その話をしておきましょう。

恋愛は、相手がどういう人物なのかを探る情報収集のプロセスですが、不確実性が残っている相手ほど魅力的に見えます。だからこそ、私たちはさらに情報収集に熱が入ります。そして、自分と相性が合う、人生を一緒に過ごせそうだとわかると、恋愛は結婚という次の段階に移行し、逆に、「どうも合わないな」となると、「ハイ、さようなら」ということになります。このあたりは、教育需要の自己冷却効果と似たところがありそうです。

ただし、結婚に踏み切った段階で不確実性が払拭されているわけではありません。結婚後に払拭される不確実性の中身次第では、離婚に至るケースもあります。しかし、明らかになった不確実性の中身が牛活や子供の養育、世間体等の要因も勘案して〝あきらめのつく〟範囲であれば——あるいは、そんなことはあまりないと思いますが、相手が予想以上に魅力的であることが判明すれば——、結婚生活は長く続くことになります。

以上が、恋愛や結婚に関する筆者なりの解釈です。ところが、最近では、恋愛ではなく、マッチング・アプリで見つけた相手と結婚するケースが増えているそうです。最近の社会調査を見ると、配偶者と出会うきっかけとなる第1位は職場ですが、それと同じくらい、あるいはそれを上回りそうな勢いなのがマッチング・アプリになっているようなのです。

マッチング・アプリによって情報収集のコストがずいぶんと節約でき、恋愛というプロセスが、マッチング・アプリのボタンをクリックする作業に置き換えられているわけです。経済学的に魅力があるのは、マッチング・アプリで結婚したカップルの離婚率が、そうでないカップルと比べてどのように異なるかです。統計学的に信頼できる分析ができるまで、データの蓄積を待ちたいところです。

4　情報収集をサボることのコスト

†市場メカニズムのカギを握る情報

筆者はすでに還暦を過ぎていますが、社会人として過ごしてきたこれまでの人生で、他人との間でさまざまなトラブルを経験してきました。いま振り返ってみると、そうしたトラブルの原因が「情報」にあることがきわめて多かったことに気づきます。「私はそんなこと聞いていない」と言われたり、「あの人と事前の打ち合わせをしなかったのがまずかったな」と反省したり。その一方で、「どうもこの人の言っていることには賛成できないが、じっくり話し合ってみると同意できる面があることもわかった」という経験もよくあります。

情報は、市場メカニズムがうまく機能するために重要な役割を担っています。その点は、疾病リスクをめぐる情報の非対称性（偏在）が逆選択につながったり――もっともその説明に問題があることは本章第1節で説明したところです——、子供の能力をめぐる情報の不確実性が教育需要を左右したりするなど、本書でも何回か顔を出しています。

情報は得体の知れないものですが、その情報を得るために私たちはいろいろと工夫しています。保険会社が加入者の疾病リスクを知るために病歴を尋ねたり、学校が入学を希望する子供の学力を入学試験で調べたり、といろいろです。そして、こうした情報を得るためにはコストが少なからずかかります。そのコストを負担するのが面倒で情報収集をサボるとトラブルが発生しかねない、ということは先ほど説明した通りです。

しかし、世の中の仕組みを眺めると、**情報収集のためのコストを節約し、情報収集をサボる仕組みに幾つか気づきます。それだけ、情報収集には手間ひまがかかるのです。**ところが、世の中はなかなかうまくいきません。**情報収集をサボったことのツケを、私たちはどこかで支払わされています。**さらに、世の中の人々はなかなか情報を正確に提供してくれないので、政府がその対抗措置を講じていることもあります。本節では、そうした例を幾つか取り上げ、市場メカニズムにおいて情報が果たしている役割を考えてみることにしましょう。

†年齢というシグナルはどこまで有効か

私たちは、たまたま出会った相手がどのような人間なのかすぐにはわかりません。そこで、いろいろ詮索するのですが、本当のことはよくわかりません。その人がどれほど優秀なのか、自分の会社にどこまで貢献してくれるのか、なかなか不透明です。そのために、何らかの指標を利用してその人の能力を知ろうとします。

その代表的な例は、学歴でしょう。優秀といわれる大学を出ていれば、もちろん当たり外れはあるでしょうが、平均的に見れば頭の出来は悪くはないと推察できます。能力を正確に知るためにはさまざまな角度からの厳密なチェックが必要になりますが、それには手間ひまがかかります。だとすれば、学歴を見ておくだけでもいいだろうと判断するわけです。このように、その人の能力や性質を他人に知らしめる情報の機能を「シグナリング」と呼ぶことがあります。そして、学歴は能力を見極める重要な「シグナル」となります。

日本的な雇用制度の大きな特徴として、年功賃金制度や年功序列制度があります。これは、年齢を重ねるにつれて経験を積んで、生産性が上がり、会社に貢献する度合いが高まると想定した上で、年齢に応じて昇進させ、賃金も高めていくという仕組みです。以下では、こうした仕組みをまとめて「年功制」と呼ぶことにします。

本来であれば、その従業員に支払う給与は、その従業員にどれだけの生産性があり、会社の売り上げや収益にどこまで貢献したかを反映したものでなければなりません。ところが、そうした情報を正確に収集するのは容易ではありません。個人レベルの営業成績が明確にわかる場合はまだいいほうで、グループで作業している場合などは各個人の貢献度を見極めることは非常に難しいでしょう。

そこで、入社後の年数に注目して、年数が長いほど生産性が上がるとみなして、職位や賃金を決定するというのが年功制です。能力という情報収集の労をサボっているわけで、問題のないはずがありません。仕事はできないのに給料は人並みにもらっている人はどこの会社にもいると思います。

成果主義を導入せよ、というけれど

そうした問題があるにも拘《かか》わらず年功制が長い間続いてきたのは、中程度以上の経済成長が続いて、誰もが将来、加齢に伴って昇進し、賃金が上昇することを期待できたからでしょう。いまは安月給のヒラ社員だが、がんばって勤め続ければ、給与も上がるし、どこかの部署の課長ぐらいにはなれるだろうと。従業員の年齢別に見た人口構成が、若手の人数が多く、ベテラン層が少ないというピラミッド型になっていたのも、年功制を持続可能にした面があったはずです。

ところが、高い経済成長が期待できなくなり、従業員の人口構成も逆ピラミッド型になると、年齢を能力のシグナルとみなすことの弊害が目につき始めます。年齢ではなく、その従業員がどこまで会社に貢献したか、その成果に基づいて昇進や賃金を決めようではないかという成果主義の考え方が広がってきます。

しかし、「言うは易《やす》く行うは難《かた》し」です。実は、筆者も勤務先の研究所の所長だったとき、所属している各教員の業績を評価する仕事をさせられ、たいへん困った経験がありま
す。あまり知られていないことかもしれませんが、国立大学の教員も業績によって賞与や昇給などの面で若干の差がつきます。そこで、各教員から提出してもらった自己評価報告に基づいて、優秀なスタッフを数名選ぶことが所長の仕事なのですが、筆者は迷いに迷いました。研究分野が違うと、その人の研究業績がどれだけの価値を持つのか判断に困ります。加えて、教育や大学行政への貢献度も評価しなければなりません。

某国立大学（筆者の勤務先の大学ではありません）の某学部では、優秀な教員を毎年教授

会で公表しているそうです。筆者はその話を聞いて、「すごい！　成果主義の考え方を貫徹させているなあ。競争社会だなあ」と感心したのですが、なんのことはない、毎年、所属している教員を順番で機械的に選んでいるだけのようなのです。これだと、確かに学部長（研究科長）は優秀者の選別に何も苦労しませんし、教授会でも、よほど成果主義が好きな変わり者でない限り、反対意見をあえて表明する教員は出てこないでしょう。「制度本来の趣旨と違うぞ」と大学執行部は渋い顔をしそうですが、教授会の構成メンバーからすれば悪くない（？）解決策です。

それはともかくとして、最近では、民間企業の人事考課もかなり透明性をもって行われるようになってきたようです。それはそれで結構なことなのですが、一人ひとりの成果を正確に評価するのはきわめて難しいのではと推察します。明確な評価基準はあるのでしょうか。それぞれの個人の貢献度が明確にわかる場合は評価も比較的容易でしょうが、そうでない場合のほうがはるかに多いと思います。

成果主義がうまく機能するためには、各個人の成果が正確に測定される必要があります。しかし、繰り返して言いますが、そうした情報収集には多くの手間がかかります。不確かな情報しか入手できないのであれば、成果主義の追求にはむしろ弊害が生まれます。そもそも何をもって「成果」とするかという、根本的な問題もあります。そうした問題を考えると、先に紹介した某国立大学の某学部の対応は、それなりに現実的で合理的なものと言えるかもしれません。

ところが、最近では新しい動きもあります。人工知能（ＡＩ）による人事考課の試みです。職種・業務ごとに従業員の成果を多角的に分析し、より適正な評価を行う仕組みがすでに一部実用化されているそうです。ＡＩによる人事考課には、多くの情報を学習させて分析し、可視化（見える化）できるというメリットがあります。ＡＩがどのような理由でその人をそのように評価したのか、ブラックボックスになっているという大きな問題はありますが、人事考課に必要な情報収集やその解析が、かなり低いコストでできるようになるという点は画期的です。ＡＩの活用によって、成果主義の追求に拍車がかかる可能性もありそうです。

†どこで所得再分配を行うか

年功制そのものに話を戻しましょう。年功制には、年齢に応じて職位や給与が決まるという側面のほかに、年齢が同じであれば待遇も同じにするという側面もあります。年齢が同じでも能力には当然ながら差があるので、年功制は結果的に、能力の高い人に対して不利に、低い人に対して有利に働きます。

簡単に言ってしまえば、能力が高い人から低い人への所得移転が起こっているわけです。能力が正確に識別され、賃金にそれが反映されていれば、能力の高い人は高い給与を支給されていたはずなのですが、年功制のために給与の一部が能力の低い人に強制的に譲り渡されることになります。

問題は、こうした状況をどう評価するかです。高所得者から低所得者への所得移転は、公平性の観点から見れば悪い話とは言えません。もちろん、能力が高く、高い給与を得られたはずの人は不服に思うかもしれませんが、能力が低く、低い給与しかもらえなかったはずの人を支援するという仕組みそのものには、肯定的に評価できる面もあります。

それでは、それこそＡＩを活用して個人の能力を正確に識別し、それに応じて賃金に差をつければどうでしょうか。当然ながら、能力の違いを直接反映する所得格差が発生します。その格差がかなり大きい場合は、政府が税によって所得再分配を行い、格差是正に乗り出すことになります。そうなると、年功制による間接的な所得再分配とそれほど大きく異ならないことになります。

能力に関する情報収集をサボって間接的に所得再分配を行うのか、それとも情報収集をサボらずに能力差を見極め、明示的に所得再分配を行うのか——優劣はつけがたいでしょう。情報収集に手間がかかり、前者のほうが現実的だという場合もあるでしょう。一方、情報収集にそれほどコストがかからない場合は、逆の状況になりそうです。

しかし、成果主義を徹底するとなると、税制などの面で所得再分配のあり方を検討する必要があります。パフォーマンスの違いを明確に見極め、それをしっかり給与に反映させるのも、それはそれで結構でしょう。しかし、それでおしまいというのはやはりまずいのではないでしょうか。

成果主義を進める場合は、成果を上げ、給与もたくさんもらえた人たちに対しては、それ相応の負担をしていただく、という仕組みを別途用意する必要があります。そして、当然ながら、そうすると税負担が働く意欲を削ぐという効果が発生します。優秀な人が年功制を不服に思い、やる気をなくすことと大きく変わりません。所得再分配の必要性と、その所得再分配に伴う弊害は、いずれも解消されることはないのです。

年齢は、社会保障の在り方にとっても重要な意味を持っています。以下では、その点に目を向けてみましょう。

政府は最近、「全世代型社会保障」という考え方を打ち出すようになっています。例えば、2022年12月に公表された「全世代型社会保障構築会議報告書」では、この全世代型社会保障を次のように説明しています。

「全世代型社会保障」は、年齢に関わりなく、全ての国民が、その能力に応じて負担し、支え合うことによって、それぞれの人生のステージに応じて、必要な保障がバランスよく提供されることを目指すものである。

超高齢社会にあっては、社会保障は世代を超えた全ての人々が連帯し、困難を分かち合い、未来の社会に向けて協力し合うためにあるという認識を、世代間対立に陥ることなく、全ての世代にわたって広く共有していかなければならない。すなわち、「全世代型社会保障」の要諦は、「社会保障を支えるのは若い世代であり、高齢者は支えられる世代である」という固定観念を払しょくし、「全世代で社会保障を支え、また社会保障は全世代を支える」ということにある。

この全世代型社会保障の考え方は、これまでの社会保障制度から見るとかなり斬新なものと言えます。年金や医療、介護など社会保障のさまざまな制度は、年齢をメルクマール（基準）にして出来上がっているからです。年金給付や介護サービスは、一定の年齢に達しないと受けることができません。医療保険の患者負担（窓口負担）の度合いも、年齢によって異なっています。

大まかに言えば、65歳や75歳といった一定の年齢で線を引いたうえで、年齢がその線を下回れば、社会保障を「支える」世代、上回れば「支えられる」世代と事実上区別しているのが現行制度なのです。私たちも、そうした仕組みをおかしなものと感じることはあまりないように思います。

ところが、その見直しが必要だということは、**年齢をメルクマールにして社会保障の制度運営を続けることが不都合になりつつある**ことを意味します。社会保障は、病気や要介護状態になったり、働けなくなって所得が足りなくなったり、といった社会的なリスクを社会全体でカバーする仕組みです。そうした社会的なリスクが現実のものとなる度合いが年齢と十分に連動しなくなると、不都合が出てきます。そのために、「年齢に関わりなく、全ての国民が、その能力に応じて負担し、支え合うこと」（前述の報告書）が求められる、という考え方が出てくることになります。

そこで、社会保障と年齢との関係について、とりわけ公的年金の仕組みを念頭に入れながら少し詳しく考えてみることにしましょう。

†年金の役割に関する2通りの説明

年金の役割については、2通りの説明をよく耳にします。1つは、「長生きのリスク」に備えた保険という説明です。長生きすること自体はもちろん望ましいのですが、長く生活していると老後のためにと備えていた蓄えが底をつき、生活に困ることになります。そのために、現役層から保険料（および税）を徴収し、それを財源にして長生きをした高齢者にお金を支給する仕組みが年金だという説明です。つまり、年金を「長生き保険」とみなすわけです。

もう1つの説明は、高齢になって働けなくなり、生活費に困るリスクがあるので、そのリスクに備えて、働けなくなった人に支給するのが年金だ、という説明です。ここでも、年金の財源は現役層が納めている保険料（および税）です。

＊なお、ここまで読んできた読者の中には、本書の説明に少し腑に落ちないところがあると感じている人がいるかもしれません。世の中には、「私は若いときに年金の保険料を政府に支払っている。高齢になって受け取る年金は、私たちが若いときに支払った保険料から支給されるのではないか」と考えている人がかなりいると思います。そういう年金の仕組みを「積立方式」と言いますが、現在の年金制度は、この積立方式では運営されていません。現役層が納めた保険料を主な財源にして高齢層の年金を支給しているのです。この仕組みを「賦課《ふか》方式」と言います。そして、保険といっても、保険料を支払う人と受け取る人が違うことに注意してください。

さらに余談を1つ。一般的に保険というものは、何か「事故」が起こらないと保険金を受け取れません。医療保険の場合なら病気をしたりケガをしたりすること、介護保険であれば要介護状態になることが、その「事故」――こうした事故を一般的に「保険事故」と言います――に当たります。したがって、年金を「長生き保険」と捉える場合、「65歳まで死なずに生きてこられた（！）」ことが「事故」となります。ドキッとするような説明ですが、ある年金の専門家に、「年金はなぜ年金保険と言うのですか」という素朴な疑問を投げかけたときにそういう答えが返ってきたので、そのまま読者の皆さんにお伝えする次第です。

†年金の支給開始年齢はなぜ存在するのか

こうした年金の意義に関する説明や保険としての特徴はともかく、年金には、「この年齢になったら年金の受給を始められる」という形で、「支給開始年齢」がどの国でも設定されています。日本の支給開始年齢は、原則として65歳に設定されています。それより早めに受け取り始める繰り上げ支給、遅めに受け取り始める繰り下げ支給の仕組みもありますが、65歳になれば誰でも一律に年金を受け取る資格を得ます。

問題は、なぜこの支給開始年齢というものが一律に設定されているかです。1番目の「長生き保険」的な説明は、この質問になんとかストレートに答えることができます。平均寿命を横目で見ながら、○○歳まで生きれば長生きだという形で、年齢で線引きすることはいちおう合理的な対応と言えるからです。

ただし、ここでは注意すべき点を2つ指摘しておきます。まず、仮にこの説明が正しいとしても、65歳という線引きで本当に構わないのかという問題があります。平均寿命はどんどん伸びています。厚生労働省の統計によると、日本人の平均寿命は、1980年には男性73・35歳、女性78・76歳でしたが、2023年にはそれぞれ81・05歳、87・09歳になっています。

最近では新型コロナウイルス感染症などの影響で平均寿命はやや頭打ちになっていますが、それでもこの四十数年間で、男女ともに8歳ほど伸びています。それを考えると、65歳という支給開始年齢の妥当性に疑問が生じてしまうことは否めません。

平均寿命の延伸を考えれば、支給開始年齢をもう少し引き上げるべきだという意見が出てきても不思議ではありません。年金を「長生き保険」と説明するのであれば、当然でしょう。実際、日本の支給開始年齢は、平均寿命が日本ほど高くはないほかの先進国と比べても低く（若く）設定されています。

もう1つの問題は、長生きのリスクという観点から、一定の年齢を年金の支給開始年齢と設定すること自体に、本当に問題はないのかという点です。長生きしても、蓄えが十分にあれば生活には困りません。つまり、長生きすること自体が悪いのではなく、長生きするがために生活費に困ることが、「長生き保険」がカバーしている実質的なリスクだと解釈できます。そうすると、年金の役割は、高齢のために生活に困るリスクをカバーする保険だとする2番目の説明に帰着することになります。年金を「長生き保険」と位置づけることは、もちろん理に適《かな》った説明ですが、そうした説明から抜け落ちる面もあります。

そのように考えると、65歳といった形で支給開始年齢を設定することに少し問題が出てきます。65歳になっても十分な蓄えがあり、あるいは健康面にまったく問題がなく、バリバリ働ける人には、年金を支給する必要はありません。逆に、65歳の誕生日を迎える前に体調を崩し、働けなくなった人には年金の支給を65歳より早めに始めてもよいでしょう。

60歳
65歳

にもかかわらず、65歳になったら申請さえすれば年金を受け取り始めることができるようになっているのはなぜでしょうか。

ここでも、各個人がきちんと働けるのか、生活費に困らずに暮らしていけるのか、という情報収集を政府がサボっていると受け止めることができます。しかし、この点で政府を責めるのは酷です。そろそろ高齢層の仲間入りをする人たちに、「あなたまだ働けますか」「蓄えは十分ですか」と尋ねて回ることはまず不可能でしょう。膨大なコストがかかります。それだけでなく、正直な回答が返ってこない可能性もあります。十分働けるのに、年金を受け取れるのであれば、「もう働けない」と答えるのも人情です。

働ける／働けないという情報収集に多大なコストがかかり、しかも正確な情報が得られる保証がないとすれば、65歳になれば年金を一律に支給し始めるという割り切りにも合理的な面が十分あります。

†情報収集をサボったことのツケ

しかし、それで問題が解決できるわけではありません。働こうとする意志も能力もあるのに、65歳になれば年金を受け取れるのであれば、「もらえるものはもらっておこう」と考えるのが人情です。そして、年金を少しでも受け取れるのであれば、それだけ働くことを控えるのも人情です。

この行動は、高齢になって働けなくなったときにお金を受け取れる保険、という年金本来の趣旨に真っ向から反するものであり、第1章で説明したモラル・ハザードの典型的な例と言えます。しかし、こうした行動を批判することはできません。既存の制度を前提とした、きわめて合理的な行動だと言えるからです。

しかし、その合理的な行動を多くの人々がとるようになると、社会全体に大きな損失が生まれます。まず、十分働けるのに年金を支給するという、年金財政面に対する影響があります。問題は、年金財政にとどまりません。十分働ける人が働かなくなるために、社会全体を支える力がみすみす抑制されてしまうからです。社会を支える側に立つべき人たちが支えられる側に立つわけですから、社会全体で見ると大きな損失になってしまいます。

こうした社会的な損失は、高齢者一人ひとりの働く能力に関する情報収集を政府がサボった結果生まれたものです。高齢者の働く能力が、平均的であるにせよ、65歳を境にして大きく低下するのであれば、情報収集をサボったことのツケは無視してよい程度の規模かもしれません。とはいえ、むかしの65歳と今の65歳とは大きく違います。その点に注意しなければなりません。

実際、筆者らが行った分析では、2020年時点における65歳の健康状態は、1975年時点における58歳ぐらいのそれに匹敵します。つまり、この45年間で私たちは7歳ほど若返っているわけです。その一方で、高齢者の就業率は長期的に見ると低下しています。年金制度が拡充され、働かなくても生活に困らない人たちが増えたからです。それ自体は、私たちの老後の生活が豊かになったことを意味し、たいへん素晴らしいことだと評価できます。

しかし、前述のように、社会を支える側に立つべき人たちが支えられる側に立ってしまうわけですから、社会全体から見ればそれは大きな問題になります。政府が情報収集をサボることのツケは、私たちの想像をはるかに上回り、やや大げさにいえば、社会全体の存続そのものに関わる問題にもつながりかねません。この点は、第4章で改めて考えることにしましょう。

†それではどうすればよいのか

165ページで紹介した全世代型社会保障の考え方を改めて示すと、「年齢に関わりなく、全ての国民が、その能力に応じて負担し、支え合うこと」となっています。年金の支給開始年齢については明確な言及はありませんが、社会保障の制度運営において、年齢をメルクマールにすることの弊害は政府内でも強く意識されるようになっているようです。

年金に限って言えば、最も手っ取り早い方法は支給開始年齢を65歳から引き上げることです。もちろん、ここでも能力に関する情報収集はサボったままですが、高齢者の健康が少なくとも平均的に見ると向上し、働く能力も高まっていることは十分推察されるので、社会的なコストを削減できることが見込まれます。

しかし、ほかの先進国でも見られますが、支給開始年齢の引き上げにはきわめて強い反発が予想され、反対デモが起こることもまれではありません。政治家は争点として取り上げられるのを嫌がりますし、批判の矢面に立たされる政府も慎重になります。諸外国の例を見ると、引き上げが実現されていても、長い年月における政治的な交渉の結果といった側面も強いようです。日本では、いわゆる「団塊の世代」が年金受給をすでに始めているので、支給開始年齢の引き上げは完全にタイミングを逸したと思います。

なお、日本では、現役層が拠出した保険料や税の総額で高齢層への年金給付を自動的に調整する「マクロ経済スライド」があるから、支給開始年齢の引き上げは年金財政に対して影響しない、という説明もよく耳にします。この説明は、それ自体としては間違っていません。しかし、ここで問題にしているのは、社会全体を支える側と支えられる側とのバランスをどう維持するかという点ですから、マクロ経済スライドの話を持ち出してもあまり意味はありません。

決定打になるようなアイデアは、私も持ち合わせていません。人々の能力を正確に識別し、その能力に応じて年金給付を調整するというのは至難の技です。そして、在職老齢年金のように、高い賃金を得ると年金給付額を削減するという仕組みは、狙いとしては悪くないのですが、年金削減を嫌って働くことを抑制するという効果を生みます。

筆者は、もっと早い段階で支給開始年齢の引き上げの可否を国民全体で議論すべきだったと思います。しかし、その実現が手遅れであり、政治的にもほぼ不可能ということであれば、支給開始年齢は65歳のままとするにしても、在職老齢年金といった就業意欲を削ぐ仕組みは撤廃し、人々が得た所得は賃金か年金かといった所得の源泉とは関係なく、しかも年齢とは関係のない形で所得水準のみに応じて一律に課税する方向に改革するというのが現実的な改革の方向だと思います。

現行制度では、年金から得られた所得は、給与所得と比べて所得控除などの面で優遇されています。これを正当化する理由は見当たりませんし、仮に在職老齢年金を縮小・撤廃するなら、尚更それが言えます。

ただし、そのような改革を進めようとしても情報収集のためにコストがかかる、という点には注意が必要です。働き方が多様化すると、賃金だけでなくさまざまな形の報酬が発生するでしょうし、利子や配当、株式の売却益など金融資産から得られる所得も正確に把握しなければなりません。加えて、そうしたフローの所得だけでなく、金融資産や土地などストックの保有状況も調べるべきだという主張は昔からありますす。正論ではありますが、実際に行うとなると大変です。

何かと問題にされるマイナンバーですが、その普及によって昔に比べると所得や資産に関する情報へのアクセスはかなり容易になると見込まれます。それでも、クリアすべき課題は山積しています。**情報収集には、やはりコストがかかる**のです。

†「セカンドプライス・オークション」という工夫

本節では、情報が、市場メカニズムがうまく機能するかどうかのカギを握っていること、そして情報収集にかかるコストやその節約に関する問題をいくつか紹介してきました。政策担当者から見ても、政策が本来の意図に沿って展開されるかどうかという点で、情報は重要な意味を持っています。

政府は、私たち各個人の性格や特徴を知りませんし、知ろうとすると多大なコストがかかることはすでに説明しました。また、情報収集をサボると何らかの形でそのつけが回ってきます。そのために、経済学では、どのようにすれば制度をうまく回せるかを重要な研究テーマの一つとする「メカニズム・デザイン」という研究分野があります。そこでの最も重要な課題は、人々に自分の考えを正直に表明してもらう仕組みを考えることです。

その代表的な例として教科書に登場するのが、「セカンドプライス・オークション」と言われるものです。耳慣れない言葉ですが、情報収集という観点から見てちょっと面白い考えなので紹介しておきます。

いま、ある財、例えば骨董品の壺のオークション（競売）を考えましょう。最も高い入札額をつけた入札者が、2番目に高い入札額（セカンドプライス）を支払ってその壺を落札するというのが、このセカンドプライス・オークションです。一番高い入札額ではなく、2番目に高い入札額で落札されるというのがポイントです。

このオークションでは、個人は、その壺に対する自分の評価額をそのまま正直に入札するのが最適だと説明されます。どうしてでしょうか。いま、その壺に対するあなたの真の評価額が1万円だったとしましょう。そのうえで、2つのケースを考えます。

第一は、あなた以外の入札者の入札額のうち最高額が1万円を超えると見込まれるケースです。例えば、それが1万5000円だと見込まれると仮定しましょう。ここで、あなたが1万5000円を超える金額で入札すると、あなたが最高入札者となり、2番目に高い入札額1万5000円を支払わされます。これはあなたにとって困ることです。あなたは、その財に対して1万円の値打ちしか認めていないからです。したがって、このケースでは、あなたは入札額を1万5000円未満に抑える必要があります。そうすると、壺は手に入りませんが、損は免れます。

第二は、あなた以外の入札者の入札額のうち最高額が1万円未満と見込まれるケースです。例えば、それが8000円だと見込まれると仮定しましょう。あなたがこの壺を欲しいのなら、8000円を超える金額で入札すれば、あなたが最高入札者となり、2番目に高い入札額8000円を支払わされます。これはあなたにとってラッキーです。壺の値打ちを1万円と評価しているのに、8000円で手に入るからです。したがって、ここでは、入札額を8000円を超える金額に設定すべきです。

以上をまとめると、あなたは入札額を第一のケースでは1万5000円未満に、第二のケースでは8000円超に設定すればいいわけです。そして――ここがポイントですが――、いずれのケースでも、この壺に対するあなたの真の評価額1万円で入札することは、望ましい入札となる条件をつねに満たします。したがって、あなたは正直に1万円で入札すればいいことになります（1万5000円、8000円という数字をいろいろ変えても結果は同じです）。

このような理由で、オークションをセカンドプライス・オークションとして設定すれば、入札者は正直に自分の評価額を表明することになる――というのが教科書の説明です。この考え方は、図書館などの公共財に対する金銭的な評価を住民に正直に表明させる仕組みにも応用できるので、筆者も授業で説明しています。

†「ウソをつかないこと」と「本当のことを言うこと」

ところが、このセカンドプライス・オークションの説明は、肝心のところで話をごまかしているように思います。

確かに、この仕組みを設定すると、「あなたは、自分の真の評価額をわざわざ偽って入札する必要はないですよ。正直に入札していいんですよ」とは言えます。しかし、「あなたは自分の真の評価額で正直に入札しなければいけません。そうしないと損失が必ず発生しますよ」とまでは言えません。

さらに、先ほどは2つのケースを考えましたが、何らかの理由でどちらかのケースが実現する蓋然性《がいぜんせい》が大きければ――あるいは、より極端な場合ですが、あなた以外の人の入札がすでに終了し、その結果がわかっているのであれば――、入札額をきっちり1万円とする必要性はあまり感じられないはずです。落札結果に影響を与えない範囲であれば、自由に入札額を設定することができます。

以上は単純な例にすぎませんが、重要なことを示唆しています。**人々に「ウソをついても意味ないよ」と思わせる仕組みを導入することは比較的容易なのですが、「ウソをついたら損するよ。本当のことを言わないと困ったことになるよ」と思わせる仕組みを導入することはなかなか難しい**のです。

これは、経済学による発想の限界かもしれません。あるいは、経済学が心配しすぎているだけかもしれません。私たちは、自分の利害だけを考えて合理的に行動しているわけではなさそうだからです。右の例は、壺のオークションという極めて私的な取引に関するものでした。しかし、公的な意思決定を行う場合は、私たちは、漠然とした形で、また非定型な形ではあるにせよ、世の中の有り様を少しは念頭に置いて判断しているように思います。

そうした場合、例えば、ウソをつくということは何を意味するのか、といった思いが、人によって程度の差こそあれ、私たちの頭をよぎるように思います。ウソをついたら、どれくらいの確率でバレて、どれくらい損をするのか。そうした損得勘定の結果、私たちはウソをつくのをやめたり、ためらったりするという面は、確かにあるでしょう。しかし、そうした経済学的に説明できるロジックだけで、私たちの〝まあまあ正直な〟行動を説明できるのでしょうか。私は、できないと思います。「ウソをつくのはよくないことだよな。まあ、ここは正直にやっておこう」という判断を、私たちはそれほど深く考えないで下していのます。そこに経済学のロジックは入り込んでいないのではないでしょうか。

【この章のメッセージ】

▼市場メカニズムは効率性の観点から見て優れた仕組みだが、しばしば「失敗」する

し、公平性の問題は別途取り組む必要がある

▼医療保険への強制加入は、市場の失敗への対応策というより、高リスクの人を社会全体で支援するという、公平性を追求した仕組みと考えたほうが理解しやすい

▼教育は、受けてどうなるのかわからないという不確実性がむしろ市場を成り立たせており、公平性の追求には教育を受けた後と途中という2つのタイプがある

▼市場メカニズムを機能させるためには、情報収集のコストがかかる。情報収集をサボると、そのツケは別のコストとして降りかかってくる

第 4 章
経済学は将来を語れるか

1　現在と将来をつなぐ架け橋

†議論の中に〝時間〟を入れてみる

これまでの章で説明してきたように、経済学の最も重要な考え方の1つは、市場が完全な競争状態にあり、価格による需給調整が働いていると、最も効率的（パレート効率的）な資源配分が実現される、というものです。それが「厚生経済学の第一定理」です。経済学者が市場メカニズムを重視する最も基本的な理由が、この定理にまとめられています。この定理をベースにして、効率性という経済学の重要な評価軸が設定されています。

そして、この定理がきちんと成立するためには、いくつかの重要な前提条件が必要になります。現実には、その前提条件が成り立たず、市場は失敗します。その市場の失敗を補正して市場メカニズムをうまく機能させるのが政府の役割だ、という理由を立てて、政府による政策介入を説明するのが、経済学のオーソドックスな議論の進め方です。

しかし、私自身、経済学の授業を長い間行ってきた中で意外に思ったことなのですが、この「厚生経済学の第一定理」には、〝時間〟という概念が入ってきません。現在から将来に向かうという時間の流れが、明示的な形では議論に入ってこないのです。市場メカニズムは、現在だけでなく将来にわたって、つまり、時間をまたがって人々を幸せにするのでしょうか。

経済学の学部レベルでの授業では、個人や企業といった経済を構成する各主体の行動、そしてそれらが集まる市場のメカニズムを説明するミクロ経済学と、そうした経済主体の集団としての行動や経済全体の動きを説明するマクロ経済学が教えられます。厚生経済学の第一定理は、このうち前者のミクロ経済学では極めて重要なテーマになっていますが、後者のマクロ経済学ではあまり登場しないような印象を受けます。

現在から将来に向けての個人や企業の行動に関する分析――それを「動学的」な分析と言います――は、マクロ経済学でいろいろ議論されます。経済成長が、その中心的なテーマになっています。数学的にきれいな議論ができることもあり、理論的な研究が盛んに展開されています。ところが、そうした動学的な議論のなかでは、企業や個人が自分たちの効用や利潤を追求していけば、経済は放っておいても最適な状態になるという、ミクロ経済学の世界では当たり前の話がそれほど簡単にはできないようなのです。

以下ではまず、そのあたりの状況をできるだけ簡単に説明したいと思います。

†人口が順調に拡大していると経済学の出番はない

話がやや抽象的になりますが、最初に人口が順調に拡大している状況を考えましょう。このとき、無限の将来時点においては、人口は無限大になっています。そして、世の中で取引されている財は、時間がかなり経つと品質が落ちるものの、ある程度の期間内であれば次の世代に譲り渡すことができるものと想定しましょう。

いま、現在世代から無限の将来世代にわたって、何らかの形で財が配分されていると想定します。そして、それぞれの時点で生産活動が行われ財が生産された結果、そのような配分が行われていると考えます（ある時点で生産された財のうち、そのすべては消費されずに次の世代に残されているという状況も考えられます）。そして、そうした財の生産や消費は、各時点において市場メカニズムによって決定されていたと仮定します。

問題は、そうした市場メカニズムによる財の配分が人々を最も幸せにしているのかどうかです。答えは、そうとは限らない、というものです。それを確認しておきましょう。

現在生きている世代——仮に「親世代」と呼んでおきましょう——の誰かが、市場メカニズムがもたらした財の配分状況を出発点として、次の世代、つまり「子世代」に残す財を少し減らして自分の消費に回した、と想定してみましょう。このとき、親世代の消費水準は当然ながら上昇します。

それでは、子世代はどうするでしょうか。もし、自分の消費水準を維持しようと思うのなら、次の世代つまり「孫世代」に残すはずだった財を減らすでしょう。そして、子世代が残してくれる財の減少に直面した孫世代も、子世代とまったく同様に、自分の消費水準を維持するためには、「曽孫《ひまご》世代」に残す財を減らすはずです。

そして、人々のこのような行動変容は問題なく永久に続くことができるのです。というのは、世代を重ねるにつれて人口がどんどん増え、それにしたがって生産も増え続けるので、実際に損失を被る人はいつまで経っても現れてこないからです。

こうした状態は、経済学にとって重要な問題を投げかけています。というのは、人口が無限に拡大し続けていくと、市場メカニズムが人々を最も幸せにするとは必ずしも言えなくなるからです。つまり、市場メカニズムがもたらした状況から離れたほうが得策だというケースも十分あることになります。

こうしたロジックは、直感的にも正しそうです。人口がどんどん増加を続けていくので、人口だけでなく生産される財も無限に増えていきます。そうすると、その財を人々の間でどのように配分するかという問題を考えることと自体、無意味になってしまうのです。

経済学は、限られた資源をどのようにすれば効率的に配分できるかという問題を考える学問ですが、資源が限られていなければ出番はありません。もちろん、右の議論では天然資源の枯渇や気候変動など、経済活動に制約をかける実際には極めて重要な要因を無視しています。しかし、そうした問題をひとまず捨象し、人口増加と、増加した人口が生み出す財の増加――しかも、それらは無限に続きます――だけに注目すると、効率的な資源配分という課題は姿を見せないのです。

経済学には、資源をできるだけ効率的に配分するという効率性の観点と、できるだけ不平等や格差を生まないようにするという公平性の観点との2本の評価軸があることは本書で繰り返し指摘してきました。しかし、右の説明からわかるように、人口が順調に増加していくと、効率性の観点からの検討は基本的に不要になりそうです。

それでは、公平性の観点からの検討はどうでしょうか。親世代が子世代に譲り渡すはずの財を削減すること自体は、親世代を有利に、子世代を不利にするものです。しかし、子世代も孫世代に譲り渡すはずの財を削減してそれに対応できるので、子世代は不利になりません。孫世代、曽孫世代、そして無限の将来世代も同様です。

ということは、人口が順調に増加していけば、世代間の公平性を考える必要もなくなるのです。将来に向けて財がどんどん増えていくのですから、それをどうしたら世代間で公平に分配できるかという問題を考えること自体、ナンセンスであることは直感的にも明らかでしょう。**人口が順調に増加していくと、経済学の出番は、効率性という観点だけでなく、世代間の公平性という観点からも出てこないのです。**

さらに言うと、人口が順調に増加していけば、同じ世代の中でも公平性の問題を議論する必要性はなくなります。どうしてでしょうか。親世代の中で低所得に悩んでいる層がいれば、その層に対する支援を子世代に委《ゆだ》ねるだけで問題が解決するからです。親世代の一部に支援を行った子世代は、孫世代からの支援を受けるだけです。なんと楽なことでしょう。経済学の出番は、まったくないことになります。

†人口が減少すると事態は一変する

ところが、人口が減少するとどうなるでしょうか。事態は一変します。いま、市場メカニズムによって、世代間で資源配分が何らかの形で実現しているとしましょう。ここで、人口が増加していた場合と同じように、親世代が子世代に残す財を少し減らしたと想定してみます。そうすると、子世代や孫世代も、自分の消費水準を維持するために次の世代に残す財を減らし続けるでしょう。

ところが、人口が減少を続けるので、世の中には最後に1人だけ残ることになります。この最後の人は、次の世代に残す財を減らすことができないので、自分で損失を被るしかありません。それが嫌なら、もっと前の世代に犠牲になってもらわなければなりません。

この例はかなり単純なものですが、人口が減少していると、（人口が増加していれば表に出てこなかった）世代間の利害対立が大きな問題として姿を現すことがわかります。どこかの世代をよりハッピーにするためには、ほかのどこかの世代をアンハッピーにしなければならないからです。

問題は、それで終わるわけではありません。市場メカニズムがもたらした、出発点の資源配分が果たして最適だったのかという、重要な問題が残っているからです。市場メカニズムのおかげで、現在から無限の将来にわたってすべての人たちが享受できる財の総計が最大になっている、という保証は実はどこにもないのです。つまり、厚生経済学の第一定

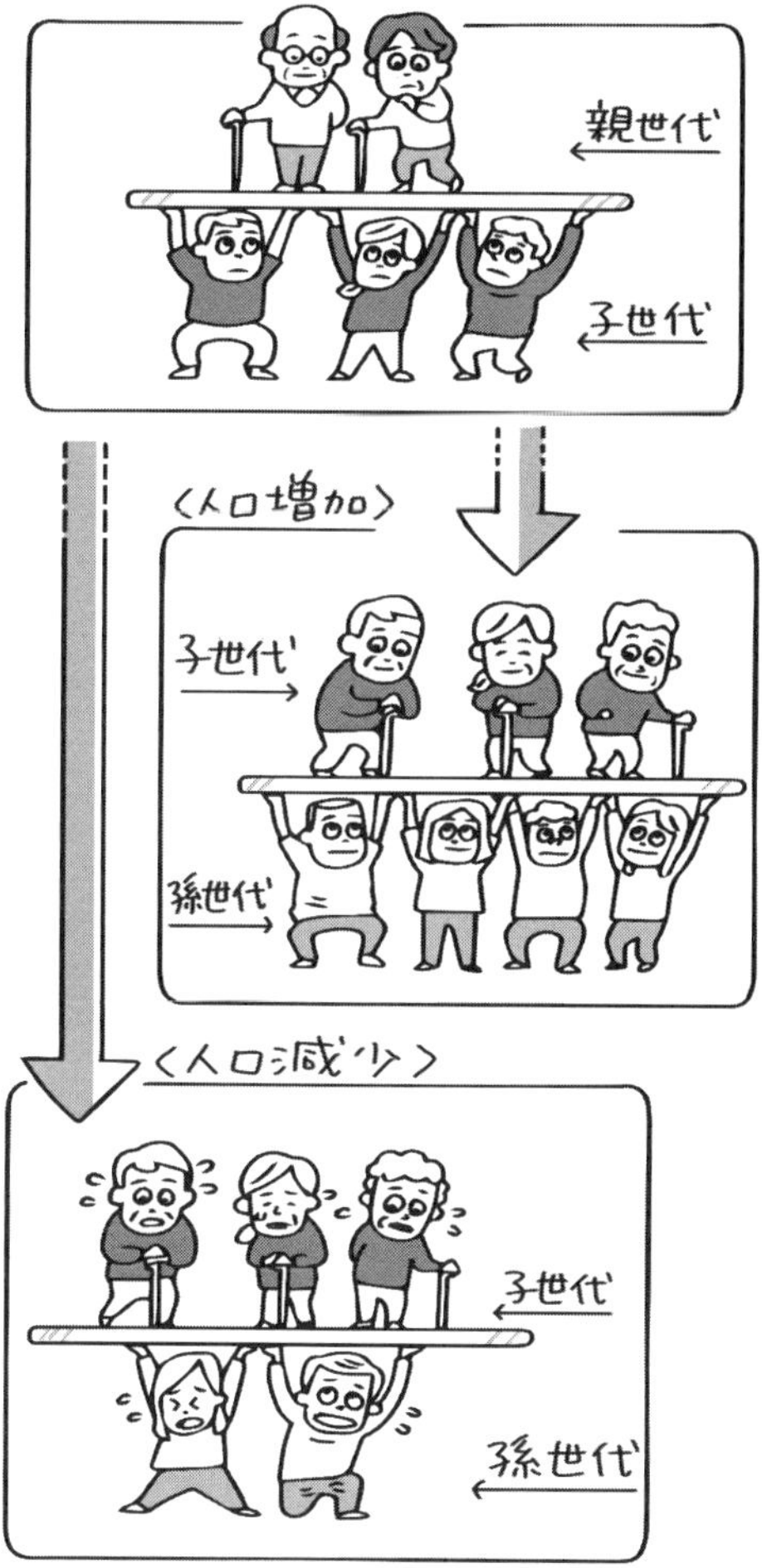
親世代
子世代
〈人口増加〉
子世代
孫世代
〈人口減少〉
子世代
孫世代

理そのものが成立しなくなります。これは、人口が増加していても減少していても言えることです。

以下ではその理由を説明しますが、議論がやや込み入るので、面倒な話はごめんだという読者は、これから述べる話のポイント、すなわち、
・時間の流れを念頭に置いても最適な資源配分がつねに実現されているとき、「黄金律」が成立していると言う
・その黄金律が成り立つためには、利子率と人口増加率とが等しくなっていなければならない
・しかし、その条件は、市場メカニズムに任せておけば自動的に実現するというものではなく、人口減少の下では利子率が人口増加率を上回り、機械や工場などの資本ストックが不足する、言い換えれば、貯蓄が不足する可能性が高い
・したがって、人口減少の下では、政府は人々に無駄遣いをさせず、貯蓄を促すべきである
という4点を頭に入れておいた上で、202ページ以降の第2節「人口減少下における政府の介入」まで読み飛ばしていただいて結構です。それでも話がなんとか通じるようにし

たつもりです。そして、理解をより深めたい読者は、読み飛ばしたところを必要に応じて改めて読んでみてください。

†黄金律が成立する条件

それでは、筆者の議論に付き合ってもよいと考えた読者のために話を続けます。

まず、話を簡単にするために、経済が、どの時点で切ってもあたかも金太郎飴のように同じような状態を繰り返していると仮定しましょう（ただし、金太郎飴の切り口は、人口が増加すると比例的に大きくなり、減少すると小さくなります）。そうした状態を「定常状態」と言います。この定常状態では、どの世代も同じ状況に置かれているので、公平性の問題はとりあえず考えなくてよいでしょう。

そうした定常状態の下に生きている人たちが最も幸せになっている状態――より具体的には、1人当たりの消費が最大になる状態――を、「黄金律」が成立している状態と呼びます。この黄金律は、時間の流れを念頭に置いても最適な資源配分がつねに実現されている状況と解釈できます。

問題は、この黄金律が市場メカニズムによって自動的に達成されるかです。その問題を考えるために、この黄金律が成り立っている状況では、どのようなことが起こっているかを最初に考えてみましょう。

いま、人口が毎年5％ずつ増えていると想定します。このとき、黄金律が実現されるためには、どのような条件が揃っている必要があるでしょうか。ここで、1人当たりの資本ストックが100万円だったときに、経済がたまたま黄金律の状態にあったと仮定します。ここでいう資本ストックとは、機械や工場など、生産のために必要な財の総称です。

経済が定常状態にあるとすれば、財を生産する資本ストックも1人当たり100万円という水準を維持する必要があります。しかし、人口が毎年5％ずつ増加するので、1人当たりで見た資本ストックは、そのまま放っておくと毎年5％ずつ減少してしまいます。それを食い止めるためには、人々は資本ストックを1人当たり5万円増やさなければなりません。つまり、生産された財のうち、資本ストックの水準を維持するために回す分を、1人当たりで見て毎年5万円増やす必要があるのです。

このとき、1人当たりの消費水準を、黄金律の下で実現されている今の水準で維持するためには、1人当たり生産量がちょうど5万円増えている必要があります。というのは、前述のように、人々は貯蓄を1人当たり5万円増やす必要があるので、消費を減らさないためには生産量も1人当たり5万円増えてくれないと困るからです。

ところが、足元にある資本ストックが1人当たり100万円だと仮定しているので、生産量を1人当たり5万円増やすということは、企業にとっては、5%という利子率（金利）を稼ぐことと同じ意味を持っています。企業は、100万円を銀行から借りて生産設備を整備し、生産を行って105万円稼ぎ、5万円の利子を銀行に返していると考えてもよいでしょう。

つまり、利子率は、追加された資本ストックがどれだけ生産を新たに生み出すかを示した値――これを専門用語で「資本の限界生産力」と言います――と読み替えることができます。利子はお金の借り賃ですが、お金をめぐる需給調整が完了している状態では、お金が生み出す価値の大きさでもあるのです。

このように考えると、「経済が黄金律の状態にあるためには、人口増加率と利子率が一致していなければならない」ということがわかります。

†黄金律は自動的には成立しない

それでは、人口増加率と利子率が一致していないと、どのようなことが起こるのか考えておきましょう。

もし利子率が人口増加率を上回っていれば、資本ストックは不足していることになります。例えば、利子率（すなわち、資本の限界生産力）が6％、人口増加率が5％だったとしましょう。各自が消費を100円だけ節約し、その分だけ貯蓄に回して資本ストックを拡充すれば、生産額は106円増える、つまり、6円の収益が上がるはずです。このとき、人口も5％増えているので、1人当たりで見れば生産額は101（≒106/1.05）円増加します。消費を100円減らして貯蓄に回したのに生産額は101円増加し、その分を消費に回せるので、消費は差し引きすると1（＝101－100）円増えることになります。これは、貯蓄によって資本ストックを増やしたほうがよい状況、言い換えれば、足元の資本ストックが最適な水準を下回っている状況を意味します。

逆に、利子率（ここでも、資本の限界生産力に等しくなっています）が人口増加率を下回っていれば、資本ストックの水準が過剰になっていることが確認できます。例えば、利子率が4％、人口増加率が5％だったとしましょう。各自が消費を100円節約し、その分だけ貯蓄を増やして資本ストックの蓄積に充てると、生産額は104円増加します。しかし、同時に人口は5％増えているので、1人当たりで見ると生産額の増加は99（≒

104/1.05）円にとどまります。したがって、１人当たりの消費は差し引きすると１（＝100－99）円減ることになります。これは、資本ストックを増やすべきではなく、むしろ減らしたほうがよい状況、言い換えれば、足元の資本ストックが最適な水準を上回っている状況を意味します。

いずれの場合も、経済には「改善の余地あり」ということになります。ところが、市場メカニズムはしっかり機能しているということに注意して下さい。企業が銀行からどれだけのお金を借りて生産設備を拡充し生産量を高めるのか、また、私たち消費者がどれだけのお金を貯蓄に回すのか、そうした判断をする際に、利子率の水準を重要な判断材料として注目します。そして、貯蓄に回ったお金と投資に必要なお金の大小関係で利子率が上昇したり、低下したりすることも、市場メカニズムが機能する姿として容易に想像できます。

しかしながら、こうした企業や消費者の判断や、市場における貯蓄と投資のバランスといった議論には、人口増加率は一度も顔を出しません。したがって、利子率が人口増加率と一致するという黄金律が自動的に成立する保証は、実はどこにもないのです。消費者や企業の判断、そして市場メカニズムが働いた結果として、利子率が人口増加率と一致する状況が見られるのは偶然に過ぎず、この両者は通常は異なる値をとります。

そして、黄金律がつねに成り立つわけではないということは、経済学の考え方から見るとそれ以上に重要なことを意味します。**議論の中に時間という概念を登場させ、過去から現在、現在から将来という時間の流れを考えると、経済学の考え方の根っこにある厚生経済学の第一定理が満たされなくなる**からです。

†政府が乗り出す必要性

以上、かなり面倒な話をしてきましたが、**市場メカニズムに任せておくと、人々が消費に回せる財の量を最大にするという黄金律の達成は保証されない**、という点が最も重要なポイントです。経済学では通常、資源配分はできるだけ市場メカニズムに任せておくべきであり、政府による介入はなるべく抑制すべきだという発想をします。ところが、現在から将来へという時間の流れを考慮に入れると、政府はむしろ市場に積極的に介入すべきだということになります。これは、経済学の伝統的な考え方とまったく対照的な政策提言になります。

経済学の教科書風に言えば、貯蓄、そして資本ストックが最適な水準から乖離《かいり》しているのであれば、政府はそれらが最適な水準に向かうように誘導する必要が出てきます。その判断は、すでに述べたように、利子率と人口増加率との大小関係が決め手となります。利子率が人口増加率を上回れば貯蓄（資本ストック）は不足し、逆に利子率が人口増加率を下回れば貯蓄（資本ストック）は余っています。それぞれの場合に応じて、政府は貯蓄や資本ストックを望ましい水準に向かわせる工夫が必要になります。

人口増加率は、長期的に見れば安定しているのですが、利子率は毎年変動するので、厳密な比較は難しいところです。しかし、大まかに言えば、先進国では利子率のほうが人口増加率を上回る傾向があります。日本では、人口増加率はマイナスになっているので、いくら低金利といっても利子率のほうが高くなっています。

したがって、通常は貯蓄不足の状態だと考えてよいでしょう。人口減少が進み、人口減少が通常の姿になると、生活水準を維持するためにはあまり無駄遣いをせずにできるだけ貯蓄をしておくようにと人々を誘導すべきだ、という政策提言がそこから出てきます。そうした政策提言は、具体的にはどのような場面で顔を出しているのでしょうか。

2　人口減少下における政府の介入

†年金改革をめぐる伝統的な意見対立

前節で展開した議論はかなり抽象的ですが、例えば、年金改革の在り方に直結している面があります。年金改革は、時間を議論の中に明示的に含めて論じる必要があるからです。そこで、人口減少下における政府の介入の在り方について、年金を例にして考えてみましょう。

読者の皆さんは、人口減少が進むと年金制度を持続しにくくなるという話を聞いたことがあると思います。これは、現行の年金制度が、現役層が納めた保険料を財源にして高齢層に年金を支給するという賦課《ふか》方式によって運営されているためです。最近では、高校での新しい教科である「公共」の中で、年金の持続可能性について生徒に議論してもらう機会もあるようです。

人口が順調に増加すれば、現役層のほうが高齢層より人数が多くなるので、高齢層は現役時に支払った保険料以上に年金を受け取ることができます。人口が5%ずつ増加していれば、年金の仕組みは5%の利子率が付く預金のような役割を果たします。しかし、世の中に存在する利子率は、その5%を上回るかもしれないし、下回るかもしれません。ところが、人口減少の下では、人口増加率は低くなるので、利子率のほうが人口増加率より高くなるでしょう。ですから、年金の保険料を支払うより自分で銀行に預金したほうが得になります。このように、年金を金融商品のようなイメージで受け止めてしまうと、「なんのために年金に入るのか」という素朴な議論が出てきます。

これに対して、積立方式の年金は、現役時に保険料を政府に預けるのは賦課方式と同じですが、政府は預かった保険料を市場で運営します。その利回りは、人口増加率とは基本的に関係なく、利子率に等しくなります。これは、自分で銀行に預金するのと変わりません。年金から得られる収益率は、私的な貯蓄の場合とまったく同じ利子率になります。人口減少の下では、賦課方式より有利な収益率が得られます。

こうした理由で、人口減少の下では、賦課方式より積立方式のほうが望ましいという主張が、特に経済学者によって行われてきました。実際、筆者もそうしたスタンスに立って議論を展開してきました。このような、賦課方式vs積立方式という意見対立は、日本だけでなくほかの国々でもずいぶん昔から繰り返し展開されてきました。

†意見対立を新たな切り口から整理すると……

このような年金をめぐる伝統的な意見対立を、前節で紹介した黄金律という切り口から捉え直してみましょう。どちらの方式のほうが黄金律の達成に有効かというのが、評価のポイントとなります。

まず、積立方式はどうでしょうか。積立方式の年金から得られる収益率は、私的な貯蓄の場合とまったく同じ利子率になります。ということは、年金という仕組みが導入されても、導入前から見て人々の行動にはまったく変化がないことになります。人々の貯蓄の一部が、年金という仕組みに置き換わっただけだからです。

経済学の伝統的な考え方は、市場メカニズムは効率的な資源配分を実現できるので、政府はできるだけ民間の経済行動に歪《ゆが》みを掛けるべきではない、というものです。その立場に立てば、この積立方式は高い得点を稼ぐことができます。経済学者が、積立方式に親近感を覚えるのも無理はありません。

しかし、人々の行動に影響を及ぼさないということは、〝両刃《もろは》の剣《つるぎ》〟でもあります。経済が辿っている経路が黄金律から外れているとき、人々の行動に影響を及ぼさない積立方式では社会を黄金律に向かわせることができません。社会全体の貯蓄や資本ストックが最適な水準を下回っていても、逆に上回っていても、そうした状態を積立方式で是正することはできないのです。

これに対して、賦課方式は人々の行動にしっかり影響を及ぼすことができます。現役層から受け取った保険料は、貯蓄されずにそのまま高齢層の年金として支給されます。ということは、賦課方式による年金の規模（保険料や年金額の水準）をいろいろ調整することによって、黄金律の達成を目指す方向に貯蓄、そして資本ストックの水準を変化させることが政府にとって可能になるからです。

このように、政府が用いる政策手段としては、賦課方式のほうが積立方式より便利なところがあるのです。積立方式だと、黄金律は追求できなくなります。もちろん、厚生労働省の年金担当者が、黄金律の追求を念頭に年金行政を行っているとは考えにくいところです。しかし、その操作によって世の中を動かせる賦課方式のほうが政策として魅力的な側面があることは否定できません。

そうなると、政策的に重要なのは、賦課方式の公的年金を実際にどのように設計するかという実務的な問題になります。そこで思い出していただきたいのは、前節で説明したように、日本を含む先進国では、長期的に見て貯蓄、そして資本ストックが不足しているという点です。消費水準を将来に向けて維持するためには、貯蓄をもう少し引き上げ、資本ストックの蓄積を促したほうがよさそうです。

ところが、賦課方式の年金は、現役層から受け取った保険料を貯蓄せずにそのまま高齢層の年金として支給するわけですから、経済全体の貯蓄をむしろ抑制する方向に働きます（これに対して、積立方式の年金の場合は、現役層から受け取った保険料は政府の貯蓄となるので、経済全体の貯蓄には影響を与えません）。ということは、貯蓄が不足している状況下では、賦課方式の年金は経済を黄金律が辿る経路からますます遠ざける仕組みだということになります。

そうだとすると、政府は賦課方式の年金をどのように改革していくべきなのでしょうか。答えは、極めて単純です。規模を縮小すればいいわけです。極端なことを言えば、年金は、保険料を高齢層に負担してもらい、それを財源にして若年層に支給する仕組みに改変すべきなのです。現行の仕組みとはまったく反対です。年金の定義をひっくり返すことになりますからね。

もちろん、そんなことを言えば、年金の専門家から「何を血迷ったことを言うのか」と相手にされなくなること必至です。また、年金には、すでに述べたように、高齢時に所得を得られなくなるリスクに備えた保険としての重要な役割もあるので、収益率や貯蓄といった観点だけで議論するのは適切ではありません。しかし、人口減少の下で賦課方式の年金を改革する基本方向としては、規模縮小しかないでしょう。

†誰もが同じ方向に向かっている

「年金の規模縮小なんて、社会保障を知らない経済学者の譫言《うわごと》だ」とお感じになる読者も少なくないと思います。しかし、近年の年金改革を振り返ると、まさしくその方向に向かっていることが確認できるのです。

日本の年金制度改革がその好例です。第3章で説明した「マクロ経済スライド」という制度は、年金の保険料の上限を設定したうえで、いわば現役層の体力に応じて給付総額を自動的に調整していく仕組みです。この仕組みが設定される前の状況に比べたら、保険料の拠出水準は大幅に抑えられています。現役層が減少しているからです。そして、保険料を抑制するわけですから、それは年金の規模縮小以外の何物でもありません。

日本だけでなく、ほかの先進国においても、年金改革は賦課方式の公的年金の規模を縮小する方向に進んでいます。年金の支給開始年齢の引き上げや年金給付の水準引き下げ、給付条件の強化も年金改革の一般的な方向です。実際、英国では、日本では一階部分の基礎年金に相当する部分だけに公的年金を縮小・限定するという、かなり極端な動きも見られます。ドイツでは賦課方式の公的年金を補完する目的で、基本的に確定拠出型で運用される任意加入の企業年金（リースター年金）の仕組みが導入されています。ここでいう確定拠出型とは、給付水準を固定するのではなく、拠出した保険料に利回りが付くという仕組みで、本章で言うところの積立方式が基本となっています。

いずれも、人口減少の圧力に屈しないように年金制度の持続可能性を高める工夫と言えましょう。前節で説明した黄金律の枠組みの下では、賦課方式の規模縮小は、人口減少の下で進展しつつある資本不足にブレーキを掛け、経済を黄金律に少しでも近づけようとする政府の取り組みとして位置づけられます。それは、老後の生活を心配する私たちから見ると少し残念ですが、経済学的に見ると理に適《かな》ったことです。

さらに言うと、賦課方式の規模縮小は、積立方式への移行と実質的に同じような性格を持っていることにも注意してください。

すでに述べたように、積立方式は、生涯にわたる人々の意思決定に対して中立的、言い換えれば、何の影響も与えません。それは、積立方式では、黄金律の達成が不可能であることを意味します。その点だけを見れば、積立方式には高い点数を与えることはできません。

しかし、人口減少の下で賦課方式をそのまま維持すると、経済は黄金律から必ず乖離します。賦課方式の規模縮小はそうしたマイナスの効果をできるだけ弱めることを目指しているので、積立方式が本来持っている、人々の意思決定に対する中立性を結果的に強める効果があります。それを考えると、賦課方式の規模縮小は、積立方式への移行と同じような性格を持っていることに気づきます。

要するに、人口減少の下で現行制度を守るために何をすべきかという点については、誰の考え方もそんなに変わらないということです。年金改革に関しては、社会保障・年金の専門家と経済学者との間で意見対立が繰り返されてきました。しかし、結局のところ、目指す方向に関して意見に大きな差はありません。もちろん、改革のペースが遅すぎる／遅すぎないといった評価の違いはありますが、向かっている方向は同じですし、制度改革もその方向で進められています。

そして、その方向性を裏づけているのが、すべての人が意識しているわけではないにも拘《かか》わらず、経済学のロジックであることには少し驚かされるところです。さらに言うと、**その経済学による処方箋を大きく左右しているのが、人口減少という極めて生物学的な変化である**ことも、もっと認識していただいてよい点だと思います。

3　将来世代にどこまで思いを馳せられるか

現在世代と将来世代のトレードオフ

人口が順調に増加し、その結果、中程度以上のペースの経済成長が続けば、現在から将来にわたる資源配分についてあまり心配する必要はなく、世代間・世代内の公平性の問題も解決しやすい、というのが前節までの議論の内容でした。この点は、経済学の考え方をわざわざ持ち出さなくても、直感的に明らかでしょう。というのは、無限の将来時点では人口が無限大になっているので、足元で資源配分上の問題が発生しても、それを将来に先送りし続けていけば、1人当たりで見ればその意味はほとんどゼロになってしまうからです。その場合、世代をまたがった資源配分の効率性だけでなく、世代間あるいは世代内で発生する公平性の問題を議論することも無意味になります。

このように考えると、**効率性と公平性という経済学が持っている2本の評価軸をめぐる議論は、人口減少時代の下でこそ重要な意味を持つ**ことがわかります。ただし、効率性に関する議論については、前節で説明したように、資本ストックの水準が大きな決め手となります。その点を、ここで少しおさらいしておきましょう。

すなわち、人口減少が続いていると、資本ストックが不足気味になりがちです。そのため、現在世代の消費を増やそうとすると、将来世代の取り分が減少します。将来世代の生活を豊かにしようとすると、現在世代の私たちが少し我慢する必要があります。このように、人口減少時代の下では、現在世代と将来世代の経済的利益の間にはトレードオフの関係があります。経済学ではそうした状況をパレート効率的と呼ぶ、ということも説明しておきました。

†将来世代のことをどこまで考えるか

ところが、異なる世代間でどのような形で公平性を追求するかという点になると、議論は途端に難しくなります。同じ時点で生活している人々の間であったら、所得面を始めとしてさまざまな格差の状況を目の当たりにします。その情報に基づいて、所得格差をどこまで是正すべきか、とか、高所得層から低所得層にどの程度の所得移転を行うべきか、といった議論を具体的に行うことができます。

これに対して、現在世代と将来世代との間に関しては、どのような格差が発生するのか、将来世代が現在世代の利益追求のためにどれくらい迷惑を受けているのか、よくわからないところが少なくありません。そもそも将来世代はこれから生まれてくる世代ですから、その世代がどのように考えるのかは想像するしかありません。

さらに面倒なことを言うと、将来世代は、私たち現在世代と考え方がそもそも違う可能性がかなりあります。少し前のことになりますが、世代間公平に関するある研究会で、世界的にも著名な経済学者が、「私たち現在世代が将来世代のことを思っていろいろ政策を検討するのは、傲慢《ごうまん》な試みにほかならない」という主旨の発言をされ、ドキッとしたことがあります。

　確かに、私たちは将来世代の考え方、つまり、経済学の用語でいえば効用関数について何の情報も持ち合わせていません。それなのに、将来世代のためを思って何らかの政策を考えるという行為には、その世代の考え方を自分たちのそれと同じようなものと勝手に想定しているという点で、やはり傲慢なところがあります。同じ時代を生きる人々の間では、同じ効用関数を想定しても、それほど深刻な問題はないかもしれません。しかし、生きる時代が異なると話が違ってきます。

†「国民貯蓄」という尺度

　私たち現在世代が将来世代に思いを馳《は》せることは、容易ではありません。具体的にイメージできない人たちのことを思って行動せよと言われても難しいでしょう。そのために、私たちはつい自分たち現在世代のことを第一に考えがちです。そうすると、将来世代に迷惑がかかります。そうした状態を回避するために、私たちは何を目指すべきでしょうか。

　これまでの議論を振り返って、少なくとも言えることは、**私たちは、将来世代に残すべき富にできるだけ手をつけないように努めるべきだ**ということです。**将来世代がどのよう**

な考え方をとるにしても、利用可能な資源の水準を、私たちが享受していたものより低くしてしまうことは是認できません。

私たちのふるまいを将来世代の目から評価する、直感的に受け止めやすい指標としては何が考えられるでしょうか。ここでは、「国民貯蓄」という尺度を紹介しましょう。国民貯蓄という概念は、経済学の教科書にはあまり登場しませんが、現在世代と将来世代とを橋渡しする富の大きさを捉える便利な尺度です。簡単に言うと、国民貯蓄は、その時点で人々が生産した財・サービスのうち、人々が消費せずに残して次の時点に残す分、ということになります。

国民貯蓄とは、社会全体として生産された財・サービスのうち、消費されずに貯蓄された分として定義され、政府貯蓄と民間貯蓄の合計として計算されます。このうち、民間貯蓄は、生産によって得られた所得から税や社会保険料などを差し引き、年金など社会保障給付を加え、そこから消費に回して残った分を指します（このうち、「民間」には家計だけでなく、企業も含みます）。一方、政府貯蓄は、政府にとっての所得である税や社会保険料などから、社会保障給付や防衛費など経常的な支出を差し引いたものです。

＊なお、政府貯蓄を計算する場合、政府が行う公共投資は支出としてカウントしません。公共投資は経

常的な支出ではなく、投資的な支出と位置づけられます。政府が手元に残ったお金のうち、将来世代にもその便益が及ぶものと期待して行うのが公共投資です。同様に、企業の設備投資や家計の住宅投資も民間貯蓄を計算する際に支出としてカウントしません。もっとも、こうした扱いは公共投資や設備・住宅投資の便益が将来にも及ぶことを想定したものであることには注意が必要です。実際には、何のための公共事業なのかよくわからない、明らかに無駄遣いだと思える事例も少なくないことを考えると、この想定の妥当性には少し怪しいところがあります。したがって、政府貯蓄の統計数字には実態よりプラスの方向にバイアス（偏り）が掛かっていると受け止めてもよいでしょう。

政府貯蓄と民間貯蓄の合計として国民貯蓄を計算する場合、税や社会保険料、社会保障給付は、政府と民間との間で相殺されます。というのは、税や社会保険料は政府にとっては収入ですが、民間にとっては支出であり、両者を足し上げるとゼロになるからです。また、社会保障給付は、政府にとっては支出ですが、民間にとっては収入であり、ここでも両者を足し上げるとゼロになります。

ただし、社会保障給付のうち、医療や介護などの給付費（窓口負担を除く分）は、民間が消費の一部として支出したと一応みなした上で、その経費を民間が政府から受け取ったものとして処理しています（義務教育費も同様に扱います）。したがって、医療や介護などの給付費は、消費に含まれることに注意してください。医療や介護のサービスが拡充されるほど、次の世代に残る富は減少します（現金給付としての年金は、政府から民間へのお金の移転にすぎないので、国民貯蓄には直接影響しません）。

†ポイントは将来世代に富を残せるか

以上をまとめると、国民貯蓄は、その時点で人々が生産した財・サービスのうち、消費せずに残して次の時点に残す富、として位置づけられます。そのように整理すると、国民貯蓄は直感的にも理解しやすい概念になり、経済学の知識も不要になります。むしろ、生物学的な概念と言ってもよいかもしれません。

そして、生物学的に見ると直接意味のない、経済学的な概念——その代表例が、まさしく財政収支です——が、こうした議論では姿を消すことにも気づいてください。財政が赤字になったとか、税収がどうなったか、という問題は、もちろん経済政策の中心的な争点となっていますが、しょせん、その時点におけるお金のやり取りに関する話です。社会の持続可能性を生物学的な観点から捉え直すと、そうした問題には二次的な重要性しかありません。

逆に言えば、**経済政策の中で社会の持続可能性にとって意味があるのは、生物学的なイ**

ンプリケーション（含意）があるものに限られる、というのが筆者の基本的なスタンスです。この点は極めて重要なので、後で改めて議論したいと思います。

国民貯蓄がプラスである限り、次の時点に富が受け継がれていくわけですから、将来世代が迷惑を受けることはありません。財政収支が赤字であっても、民間貯蓄が十分にあれば問題はありません。

しばしば、「国債は政府の借金だが、民間から見れば資産なので、国債が増えても何の問題もない」という意見をよく耳にします。確かにそれはその通りなのですが、政府と民間を合わせた国民貯蓄が減少してしまうとやはり問題になります。これまで蓄積されてきた富を食い潰す局面に入るからです。これは、将来世代にとって困ったことになります。

譲り受けることを期待していた富が、前の世代に先食いされてしまうことになるからです。

こうした観点から言えば、医療や介護のサービス給付を赤字国債の発行によって拡充することは、どのように評価すべきでしょうか。発行された赤字国債が、そのまま民間によって保有されるのであれば、その限りにおいて問題は発生しません。しかし、医療や介護の給付の拡充は、もちろん、その恩恵を受ける人にとってはありがたいことですが、経済全体から見ると、現時点で生産された財・サービスのうち、医療や介護の給付という形で消費される分が増加するので、将来世代に残す富がそれだけ削減されることになります。

†図体の大きくなった経済は維持できるのか

さらに、ここで追加的に考慮すべき点があります。「固定資本減耗《げんもう》」という、国民経済計算上の概念がそれです。耳慣れない言葉ですが、経済全体の減価償却のことを意味します。工場やビル、機械装置など民間の資本ストック、あるいは道路・港湾・公共施設など公的資本ストックを機能させ続けるためには、メンテナンスが必要になります。そのメンテナンスの費用を社会全体で合計したものが固定資本減耗です。

その総額は2023年時点で、年間140兆円を上回り、GDPの約4分の1に匹敵しています。これは、もっと知っておいていただきたい事実です。毎年生産される財やサービスのうち4分の1は、既存の資本ストックを次の時点に受け継ぐために費やされています。私たちの経済は、それほどまでに大きな図体《ずうたい》をもち、維持するだけでも大変になっているのです。

道路や鉄道、公共施設を新しくつくるのは結構なことのように思えますが、そのメンテナンスは少なくなっていく人口で担当するしかありません。将来世代にとっては、資産で

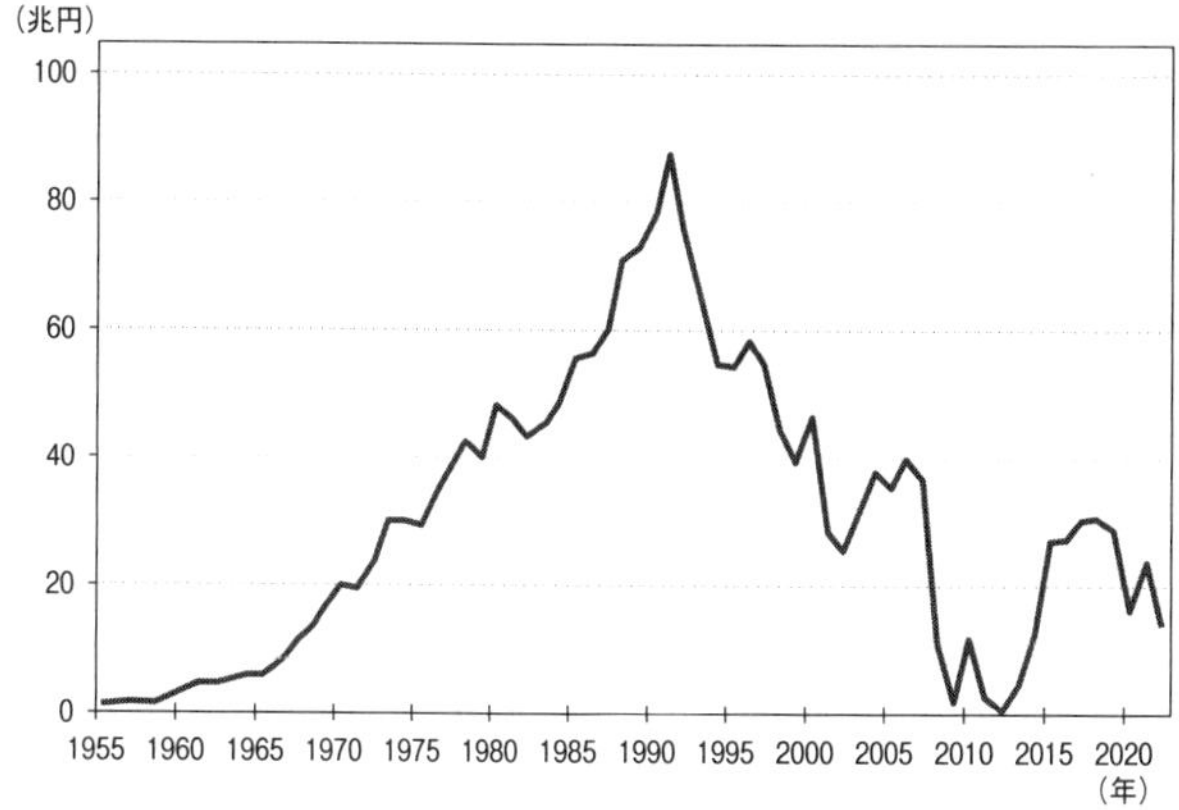

（図）国民純貯蓄の推移〔内閣府「国民経済計算」より作成〕

はなく負債と考えてよさそうなものもあります。次の世代に受け継ぐ富の大きさとして国民貯蓄を捉える場合は、こうした資本ストックを維持するコストである固定資本減耗を差し引いた「国民純貯蓄」に注目する必要があるのです。

†減少する国全体の貯蓄

それでは、その国民純貯蓄はこれまでどのように変化してきたのでしょうか。国民純貯蓄は第2次世界大戦後、順調に拡大を続け、1991年には90兆円近い水準に達しました（図）。しかし、その後は減少傾向にあります。

その背後にある最大の要因は少子高齢化です。総人口に占める高齢層の比率が高まるにつれて、社会の「支え手」が減っていきます。それに伴って、社会全体で生み出される財やサービスの増加ペースに比べて、消費の増加ペースのほうが速くなります。その帰結として、国民純貯蓄が減少していくわけです。

ここでも、状況は経済学的というより生物学的です。しかし、状況はもちろん経済学的でもあります。公的・民間ともに資本ストックが蓄積され、経済の図体が大きくなったので、それを支えるためのコストである固定資本減耗も膨らみ、国民純貯蓄を引き下げる圧力も強まっていきます。これは、経済学的な状況でしょう。

読者の皆さんのなかには、大学の経済学部を卒業した方々も多いと思います。経済学部には日本経済史という授業があって、そこでは、日本の高度経済成長を支えた大きな要因の1つとして、高い貯蓄率が指摘されていたかと思います。貯蓄率が高いと、それだけ資本蓄積が加速します。資本蓄積が加速すると生産が増加し、所得が予想以上に上昇するので、人々はさらに貯蓄を増やします。こうした好循環が高度成長を可能にした、という説明はたしかに説得的です。

しかし、その好循環はすでに過去の話になっています。日本の貯蓄率は、世界的に見て高いほうとはすでに言えなくなっています。すでに述べたように、少子高齢化がその大きな背景になっています。貯蓄は現役層が行い、高齢層がそれを取り崩す構造になっていますが、少子高齢化は貯蓄を取り崩す高齢層の比率の上昇を意味するので、社会全体の貯蓄率は低下傾向を示しています。

「でも、うちのおじいちゃんは貯金をたくさん持っているよ」という批判も出てきそうです。確かに、貯蓄残高は高齢層ほど高くなっています。その一方で、医療や介護サービスという形での消費がますます増加していることにも注意してください。社会全体では、やはり貯蓄の減少が進んでいるのです。

実際、国民純貯蓄の対GDP比という形で経済全体の貯蓄率を計算すると、最近では5%を割り込んでいます。この水準は、1990年前後のピーク時の水準18%から大きく低下しています。その背景には、右に書いたように人口構成の高齢化による民間貯蓄の減少と、医療・介護など高齢者向けの社会保障給付の拡大による財政赤字の拡大があります。

†瀬戸際に近づきつつある国民純貯蓄

国民純貯蓄の動きは、短期的には景気循環の影響を大きく受けます。国民純貯蓄は2012年にほぼゼロとなりましたが、その後、若干持ち直した後、直近では頭打ちとなっています（前掲図）。アベノミクスの下で、景気がなんとか回復基調に入ったことが最大の要因になっているようです。しかし、2020年以降になると、コロナ禍の影響もあって、国民純貯蓄は次に進むべき方向性を模索しているかのようです。

今後はどうなるでしょうか。本書の執筆時点において展開されている、各種の経済政策を見ると、どういうわけか、財源の裏づけがない財政拡大策が目白押しになっています。この傾向は、少なくとも今後数年にわたって続くものと見込まれます。その結果、国民純貯蓄が再びゼロに向かう可能性もあります。国民純貯蓄がゼロを割り込んで、マイナス幅が拡大を続けると事態は一層深刻となります。この点は、財政収支が黒字化するかどうかといった話とは比べものにならないほど重要な注目点となります。

このような話を続けていくと、筆者は深刻になりすぎているのではないか、むしろ読者の不安を煽《あお》っているだけではないか、という反論が出てきそうです。そうした反論にもきちんと答えていきたいと思いますが、そこでの最大の注目点の1つは対外純資産です。対外純資産とは、外国に対して保有している資産から、外国に対して負っている債務を差し引いたものです。国内で何かコトが起こった際に、当てにできるお金と言えるでしょう。

その対外純資産は2022年末時点で、円建てで約420兆円に上っています。これだけ多くの対外純資産を抱えている国は、ほかにはありません。こうした事実に基づき、

「日本人は将来に向けて巨額のお金を残している。将来世代に対してこれほど〝孝行〟な国民はいない」と主張する経済学者もいるくらいです。

確かに、国民純貯蓄がマイナスになってもただちに問題が発生するわけではありません。国民純貯蓄はフローの数字ですが、ストック（残高）が十分にプラスであれば、問題は当分の間吸収できます。対外純資産が世界で最高の水準にあることは、大きな安心材料です。しかし、年間の社会保障給付額は130兆円ほどであり、さらに膨らむでしょう。それを考えると、現在の対外純資産で賄《まかな》える分は、社会保障給付で見れば3年ちょっとしかありません。

今後、数十年、百数十年というタイムスパンで制度の持続可能性を考える場合、対外純資産がどこまでの安心材料になり得るのか、やはり不安にならざるを得ません。まして、国民純貯蓄のマイナス傾向が定着すると、対外純資産を食い潰すという段階に入るので、対外純資産そのものが減少に転じる可能性も出てきます。対外純資産は、人口減少がもたらす圧力に対するバッファー（緩衝装置）としてはどうも弱すぎるように思います。

†限定的な「シルバー民主主義」の説明力

人口減少が進むなかで、現在から無限の将来にわたる効率性や公平性の問題を考える場合、避けて通れない論点があります。それがいわゆる「シルバー民主主義」です。人口減少が定着すると、人口ピラミッドが逆三角形になり、高齢層ほど厚みを増します。そうなると、多数決による民主主義の下では、高齢層のほうが現役層より発言力が強くなります。そのため、高齢層の経済的利益を損なうような制度改革、とりわけ医療・年金・介護などの給付削減にはブレーキがかかりやすく、改革は容易に進みません。その結果、給付財源となる社会保険料を支払わされる現役層の経済的利益が損なわれがちになり、世代間格差が発生する、というのが「シルバー民主主義」が持っている意味合いです。

筆者もこうした「シルバー民主主義」の考え方を念頭に置いて、現行制度の問題点をいろいろ指摘してきたことがあります。しかし、最近では「ちょっと待てよ」と思うようになってきています。というのは、ここ三十数年にわたって、社会保障給付、とりわけ高齢者向けの給付が拡大傾向を続けているのに対して、税や社会保険料の負担はその増加ペースにまったく追い着いていないからです。1990年前後までは、給付と負担はほぼ平行移動する形で増加していたのですが、それ以降は給付と負担の増加トレンドに大きな乖離が出てくるようになりました。どうして、このようなことが起こったのでしょうか。

税や社会保険料の負担のかなりの部分は、現役層が拠出しています。つまり、高齢層向けの給付増が進む一方で、現役層はそれに見合うだけの負担増に直面していないことになります。そのため、「シルバー民主主義」がその帰結として想定するような世代間格差——より正確に表現すると、年齢階層間格差ですが——は、それほど明確には姿を見せていないことになります。高齢層と現役層との間に、深刻なほどの利害対立は少なくとも今のところは発生していません。

世代間で利害対立がないこと自体は喜ばしいのですが、給付の負担とのバランスはとれているのでしょうか。容易に想像されるように、とれていません。とれていない分は財政赤字、そして赤字国債の発行という形で穴埋めされています。赤字国債の発行分は、民間が保有すれば民間の資産となり、その限りでは相殺されます。しかし、給付の増加が消費の増加に反映されると、その分は貯蓄が削減されるので、将来世代への負担の先送りが発生してしまいます（赤字国債が民間の資産になって相殺されるという話は、ある政策が講じられて赤字国債が発行されても、消費行動に変化がなく、発行分だけがそのまま貯蓄に回るという極端な状況を想定していることに注意してください）。

†「対立」ではなく「協調」している高齢層と現役層

つまり、**ここ三十数年における社会保障をめぐるお金の回り方は、同一時点における高齢層と現役層が協調し、高齢層には給付増、現役層には負担増の抑制を進めると同時に、将来世代に負担を先送りするものだった**と整理して構わないと思います。「シルバー民主主義」は高齢層と現役層との対立を想定していますが、実際には、緩やかな形であるにせよ両者の間で協調が成立しているのです。そして、利害対立が尖鋭化《せんえいか》するのは、現時点における高齢層と現役層とを一括《ひとくく》りにした現在世代と、将来世代との間なのです。

さらに言えば、この意味での利害対立の構図においては、現在世代が一方的に有利になり、将来世代が一方的に不利になりがちです。なぜなら、現行の民主主義の下では、投票に参加して政治的な意思表示を行えるのは現在世代だけだからです。将来世代は、現在世代の下した政策決定を所与として行動せざるを得ません。そして、将来世代という負担の先送り先が見つかるのであれば、現時点における現役層と高齢層がそれぞれの利益を追求して、対立し合う必要ははじめからないのです。

このように考えると、人口減少下における民主主義の問題を「シルバー民主主義」として特徴づけることは適切でないことがわかります。なお、負担を将来世代に先送りしがちであることは、人口が減少している場合に限らず、増加している場合でも同様に当てはまります。しかし、すでに述べたように、人口が順調に増加している場合は、負担を無理なく先送りできるので、この問題点は無視できます。人口が減少してはじめて大きな問題となる点に改めて注意してください。

4　人口減少にどう立ち向かうか

†少子化の根本的な原因

ところで、これまでの議論では、人口増加や人口減少といった人口動態については、経済的な要因とは別のもので決定されると暗黙裡に想定してきました。しかし、現在大きな問題になっている人口減少の理由も、経済学的に説明できるところがありそうです。その点を少し考えてみましょう。

子供を産み育てるという行動は、子孫を増やすという極めて生物学的な行動です。しかし、経済学的には投資行動として説明できます。私たちが手間ひまをかけて子供を産み育てるのは、その子供が大人になったときに扶養してもらうためだと説明することは一応できます。しかし、こうした説明は今日の社会にどこまで当てはまるでしょうか。

子供による扶養を期待して、子供を産み育てるという親はひと昔に比べるとかなり減っているのではないかと思います。まず、経済全体の生産性が高まり、将来の労働力としての子供に期待する必要がそれだけ減っています。これまでであれば3人の労働者の投入が必要だった財の生産が1人で事足りるということであれば、子供に対する需要も3分の1に減少するかもしれません。生産性向上による経済成長は、将来の労働力としての子供に対する需要を引き下げます。

そして、それと同じくらいに重要なことは、社会保障制度の充実です。社会保障はしばしば「親孝行の社会化」と説明されます。これまでは自分の子供による扶養（親孝行）に期待していたものが、社会保障という制度によって社会的に提供されます。高齢になって所得を得られなくなったら年金を受給できるし、病弱や要介護状態になれば医療保険や介護保険のサービスを受けられます。子供による扶養に対する依存度はそれだけ低下するので、子供に対する需要も減少して当然です。

少子化の原因としては、女性の社会進出、学歴や就業率の高まりを背景として、出産・子育てによって甘んじざるを得ない所得の損失（機会費用）が大きくなっていることがしばしば指摘されます。実際、統計に基づいてこの点を確認する研究はたくさんあります。その研究結果に見合う形で出産・子育てを支援する制度の充実が提言され、実際もその方向に沿う形でさまざまな制度改革が進められてきました。しかし、出産・子育てに対する支援策がいくら充実しても、子供を必要だと思う気持ちが減少しているのであれば、出生率の低下傾向に歯止めを掛けることは容易ではありません。

このように考えると、少子化の原因はかなりの程度、社会保障の充実に求められることがわかります。ここで問題をさらに深刻にしているのは、社会保障の仕組みが子供の数の順調な増加を前提として組み立てられていることです。子供の数がきちんと増えなければ、持続が難しい構造になっています。

このように、経済学の立場から見ると、**社会保障には、その充実が少子化を促し、少子化が社会保障の持続可能性を弱めるという、自分で自分の首を絞める「自己否定的」なメ**

カニズムが組み込まれていると考えないわけにはいきません。最終的には、社会保障の維持そのものが難しくなり、その段階になってはじめて、老後の面倒を見てくれる子供を必要だと思う気持ちが復活し、少子化に歯止めがかかるということなのかもしれません。しかし、その段階になると、人々は前の世代が先送りしてきた負担の重さに耐え切れなくなっており、社会の再生産に必要なエネルギーを失っている危険性もあります。

†子育て支援策に効果を期待できるか

では、社会保障、そして社会全体の持続可能性を高めるためにはどうすればよいのでしょうか。経済学的には、2つの方法が考えられます。

第一は、子育て支援を充実することです。親は、自分の老後の面倒を見てもらおうと期待して子供を産み育てます。しかし、子供は、保険料や税を負担することを通じて、自分の親だけでなく社会の大人たちの老後の面倒を見るという性格を果たしています。これを子供の「外部経済効果」と呼びます。しかし、私たちは子供の外部経済効果を念頭に置いて何人子供を産み育てるかという意思決定をするわけではありません。あくまでも、夫婦にとって最適な子供の数を決めるだけです。したがって、実際に社会全体で生まれてくる子供の数は、社会全体にとっての最適な水準を必ず下回ることになります。

この状態を改めるためには、子供を産み育てている人に補助金を与えるなど、経済的な支援をして子供の数を社会的に最適な数に近づけることが望まれます。この経済的な支援が子育て支援と呼ばれる政策です。

公的年金との関連に限って言えば、子供は大人になってから年金の保険料を負担しますが、その保険料の負担だけ世の中に外部経済効果を与えているわけです（負担した保険料のうち自分の親の年金に回る分もありますが、その分は無視できるほど微小なので、負担した保険料はすべて世の中の高齢者の年金に回っているとみなしてもよいでしょう）。その点を考えると、年金保険料に相当する分は子育て支援にすべて回しても構わないという理屈すら成立します。

このように、**子育て支援は子供の外部経済効果を「内部化」する仕組みとして位置づけられますが、こうしたタイプの政策を経済学的には「セカンド・ベスト」（次善）の策と呼びます**。

社会保障は人々に対して、それがなかった場合に比べて子供の数を減らすという効果を及ぼします。その意味で、社会保障は人々の行動に歪みをかけています。それが問題というのなら、社会保障という仕組みを改めればよいのですが、そうするのではなく、むしろ社会保障以外のところで人々の行動に違う形の歪みをかけ、全体として望ましい方向を目指す、というのがセカンド・ベストの発想です。子育て支援は人々に子供を増やす誘因を与え、人々の行動に歪みをかけている政策だが、それによって子供の数が回復すれば、社会保障の持続可能性は高まることになります。

経済学者が政府による子育て支援策を支持する場合、こうしたロジックに基づいて主張を展開することが多いようです。教科書的には理に適った考え方ですが、筆者は、「異次元の少子化対策」といった形で、日本で実際に提唱されているような子育て支援策には効果をほとんど期待できないと考えています。というのは、そうした子育て支援策は既婚カップル向けの子育て支援が中心になっているからです。

日本では、結婚すると、現在においても平均して2人に近い子供が生まれています。既婚カップルにおいては、少子化の問題は実はほとんど存在しないのです。日本の少子化は、その原因を「非婚化」でかなりの程度説明できます。若い人たちが結婚できない、あるいは結婚を忌避する原因は、既婚カップル向けの子育て支援策では簡単に解消されない性格のものです。

いわゆる「異次元の少子化対策」は出生率の回復にはほとんどつながらず、単純な既婚カップル優遇策に終わってしまうように思えてなりません。財源の裏づけも曖昧であり、既婚カップルの消費を将来世代の負担増で賄う形で増加させるだけに終わることでしょう。さらに、こうした子育て支援策によって仮に少子化が回復するとしても、社会保障財政にプラスの影響が出てくるまでには相当の年数を要することになります。少子化対策の効果に大きな期待をかけることは控えたほうがよさそうです。

†社会保障の規模縮小は実現できるか

社会保障の持続可能性を高めるもう1つの方法は、社会保障の仕組みそのものに手をつけることです。これは、経済学的には、「ファースト・ベスト」と呼ばれるタイプの政策です。社会保障があるからこそ、老後を子供に頼る気持ちが弱まり、子供を必要だと思う気持ちが減少するのですから、社会保障の規模を縮小し、人々の子供に依存する気持ちを回復させれば問題は解決する、というのがこの方法の基本的な考え方です。

つまり、逆説的ながら、社会保障の規模を縮小することによって、制度の持続可能性を結果的に高めることができると考えるわけです。社会保障の規模縮小のメニューとしては、給付水準を引き下げたり、給付対象を限定したりすることが考えられます。ずいぶんな荒療治と言えます。

容易に予想されるように、この政策を実行に移すことはかなり難しいでしょう。高齢者は、社会保障給付の削減にすぐには賛成しないはずです。「自分たちは若いころに保険料や税の形で、社会保障の財源を負担してきた。いまさら、給付を削るとは何事か」と反発するのは目に見えていますし、そうした反論を「あなたの考えは間違いです」と一蹴することもできません。

さらに、給付の削減が実際に進んだとしても、それによって人々の出産・子育てに対する気持ちが短期間に変化するとは考えられません。一番目に紹介した子育て支援策と同様に、政策の効果が出てくるのはずいぶん先のことになります。

社会保障の規模縮小が進まないと、どのような事態になるでしょうか。高齢層向けの給付水準を維持するためには、現役層の負担を引き上げるしかありません。そうすると、現役層の経済的な体力がさらに弱まります。経済的な体力低下が未婚層に広がると、少子化はさらに進むでしょう。

また、負担の引き上げも政治的な抵抗を受けるはずです。負担の引き上げを現役層が受け入れなければ、次の世代にその負担を先送りするしか方法はありません。人口減少の下では、そうした意思決定が下される可能性が高いことはすでに述べた通りです。そして、人口減少が進むと、付けを回された負担は次第に支払い切れなくなり、社会保障はやはりどこかの時点で維持できなくなります。人口減少の圧力から、私たちはなかなか逃れられないのです。

†「現役層＝支え手」「高齢層＝支えられ手」という二分法は妥当か

経済学的に考えると、人口減少への対抗手段としては、①子育て支援という「セカンド・ベスト」的な政策、そして、②社会保障の規模縮小という「ファースト・ベスト」的な政策、という2通りの対応が考えられます。残念ながら、この2つの対応にはいずれも効果が限定的であるか、効果があってもその発生には長い時間がかかる、そして、その実現には反発を受けやすいという問題点がある――というのがこれまでの議論から導かれた結論でした。

人口減少がトレンドとして社会に組み込まれてしまった以上、経済学といえども、その動きを反転させる処方箋を正面から提示することはかなり難しいといわざるを得ません。

しかし、人口減少の圧力を少しでも軽減できるような政策提言を経済学の立場から提示することはできないのでしょうか。

人口減少は、文字通り人口が減少するだけではなく、社会の支え手の減少と支えられ手の増加を伴うと考えるのが普通の捉え方です。その捉え方にこだわる限り、生産と消費のバランスが崩れ、次の世代に残す富が減少し、場合によっては、社会の存立基盤そのものが危うくなってしまいます。この構造そのものにメスを入れることはできないのでしょうか。

現役層を支え手とし、高齢層を支えられ手と区分するのはあまりに機械的すぎます。さらに言えば、高齢層を支えられ手と一方的に捉え、現役層が支える対象と位置づけること自体、人間も動物だと考える限り無理がありそうです。動物は、もちろん種の保存のために生殖活動を行い、子育てをしますが、逆に子供が親を扶養する動物はあまりいないようです。

こうした話を続けていくと、生殖・養育という任務を終えた個体は、種の保存から見ると不要であるばかりか弊害ですらあるといった、きわめて乱暴で危険な議論が出てきそうです。それほどまでに、現役層と高齢層を支え手／支えられ手という形で二分するのは不適切になっているのです。

人間が長生きをし、現役層に扶養されてきたのは、現役層が順調に再生産され、経済全体の生産性も高まって、人間社会に高齢層を扶養するだけの余裕が出てきたからでしょう。残念ながら、人口減少はその余裕を社会から奪いつつあります。そして、親を養育するという、ほかの動物から見ると無理な面もありそうな私たちの営みが、機能不全を起こしてしまう危険性が現実味を帯びるようになります。

この問題は、当然ながら社会保障の分野でも生じます。社会保障は「親孝行の社会化」としてしばしば説明されます。親孝行、つまり親の扶養に生物学的に見て無理な面があるとすれば、それを「社会化」した社会保障、つまり、公的な老親扶養も維持が難しくなるという、悲観的な見方が出てくるかもしれません。

もちろん、こうした整理の仕方がずいぶん荒っぽいことは筆者も認めますが、社会保障改革、あるいは財政改革の在り方についても、改めて考えてみる必要がありそうです。私たちは通常、社会保障の持続可能性を高めるためには、高齢者向けの給付を削減すべきだという主張をよく耳にします。確かに、社会保障給付のうちかなりの部分が高齢者向けです。したがって、高齢者向けの給付を削減すれば、社会保障財政が改善するのは当然です。

しかし、それによって手助けを必要とする高齢者が減少するわけではありません。公的な老親扶養を削減すれば、私的な老親扶養、あるいは自分で自分の面倒を見る必要性が高まるだけで、人口減少がもたらす問題が解決されるわけでは決してないのです（なお、筆者は、現行制度を正当化し、制度改革への取り組みを否定するためにこうしたロジックをわざわざ持ち出しているわけではない、という点にはくれぐれも留意してください）。

†経済学からの2つの政策提言

このように考えてくると、人口減少の圧力に立ち向かうためには、経済学からは2つの政策提言ができそうです。

1つは、**社会の支え手を増やすこと**です。しかし、支え手としての子供を増やすことは極めて難しいでしょうし、政策効果も不透明です。だとすれば、現在、支えられる側に立っている人たちに、できるだけ支える側に立っていただくようにお願いするしかありません。もちろん、そうした考え方に諸手《もろて》を挙げて賛同し、引退なんかせずに働き続けようと思う人ばかりではないでしょう。そうだとしても、働く能力も意思もあるのに、働くとかえって損になるような仕組みは解消すべきです。そのような仕組みを見つけ出し、問題点を明らかにするとともに、望ましい改革の方針を立てるのは経済学の仕事です。

筆者は、経済政策の中で社会の持続可能性にとって意味があるのは、生物学的なインプリケーション（含意）があるものに限られる、とすでに述べたところです。年齢に関わらず社会の支え手を増やすことは、まさしくそうした政策に該当します。年齢という生物学的なメルクマールで支え手／支えられ手を分ける仕組みに真正面から挑戦することになるからです。

この点に関して、明るい動きもあります。一般的には、15～64歳の人口を「生産年齢人口」と定義し、総人口に占めるその比率の低下を、社会の支え手の割合の低下を示すものとして問題視しています。しかし、生産年齢人口ではなく就業者数を分子にとると、最近では上昇に転じる動きが見られます。65歳以上の高齢者の就業率が上昇傾向を示していることが、その大きな要因となっています。

こうした動きの背景には、年金制度改革などの要因もありますが、人手不足のために高齢層にももっと働いてもらいたいという、社会全体の要請も働いているはずです。その要請に高齢層が応じつつある動きには明るい面があります。もちろん、高齢層の就業率の上昇は短時間の非正規労働が中心であり、それがもの足りないという見方もできます。しかし、フルタイムでバリバリ働くスタイルから、週に数日働いてあとは社会活動、あるいは孫の世話をするといった、多様な働き方があったほうがよいでしょう。ただし、どのような働き方をしても、また、どのような形で所得を得ても、社会保障や税制面で有利にも不利にもならないような仕組みにする必要があります。そこでは、経済学の出番が十分ありそうです。

もう1つの政策提言は、**少子化によって限りが出てきた資源を、世の中で「困っている人」の支援にできるだけ重点的に仕向けること**です。そこでは、年齢にこだわる必要はありません。高齢であっても生活に余裕のある人には、社会保障や税制面で少し辛抱をしてもらい、そこで浮いた財源を、現役層も含めて「困っている人」の支援に充てることを目指します。

日本の社会保障給付は総額で130兆円を超え、GDPの4分の1程度にまで上っています。それにも拘わらず、シングル・マザー世帯のように単親世帯の子供や一人住まいの高齢者の貧困率は、日本は先進国の中で最も高いグループに属しています。これは、もちろん褒められる話ではありません。日本の社会保障のかなりの部分が現役層から高齢層への所得移転に用いられ、同じ年齢層のなかで「困っている人」を「困っていない人」が支援するという仕組みになっていないことが、その背景にあります。

とりわけ、誰もが社会保障というセーフティーネットの恩恵を受けられるようにする必要があります。すでに政府が進めているように、できるだけ多くの労働者を被用者保険に加入してもらうというのも目指すべき方向でしょう。また、社会保険と税の在り方を組み合わせることにより、低所得層がセーフティーネットから排除される危険性をできる限り回避する取り組みも必要になります。例えば、低所得層には税金をむしろマイナスにし、その分を還付する代わりに保険料を支払ったとみなせば、社会保険の拠出実績が残り、その恩恵を受けることができます。ここでも、経済学の発想がいろいろ活《い》かせそうです。

社会の支え手を増やすこと、「困っている人」に支援の重点を置くこと――この2つの方針は、経済学の2本の評価軸である効率性と公平性という観点から自然な形で導き出されるものです。しかし、この取り組みに私たちがどこまで真剣に向き合うかという重大な問題に対しては、経済学が明確な答えを出してくれるわけではありません。**私たちがどのような政策を選択するかは、将来世代のことをどれだけ大切に思うかという、私たちの気持ちに大きく依存しています。**

【この章のメッセージ】

▼現在から将来へという時間の流れを考慮に入れると、市場メカニズムが最適ではなくなり、政府が市場に積極的に介入すべき場合がある

▼人口増加から人口減少に転じると、効率性や公平性の問題を改めて議論する必要が出てくる

▼生産した財のうち消費せずに残る「国民（純）貯蓄」に注目すると、私たちは次の世代に残すべき富に手をつけるかどうかの瀬戸際に近づきつつあることがわかる

▼人口減少に立ち向かうためには、社会の支え手を増やし、「困っている人」の支援に力点を移す必要がある

おわりに

私は大学を卒業後、そのまま大学院に進学して研究者の世界に進んだわけではありません。国家公務員・銀行員という実務の世界を計11年間経験し、30代前半になってからこの世界に入りました。当時は、霞ヶ関の実務経験者が大学教員になるケースがかなりあり、私もやや若い年齢からではありますが、先輩の例に倣《なら》った形になりました。

実務の世界では、大学で修得した経済学の知識は、政策評価や景気分析・予測などの面で、手段として役に立ちました。しかし、あくまでも手段としてです。その後、大学教員になって約30年が経過しましたが、経済学の〝ものの見方〟を知識としてではなく皮膚感覚で理解するのは、授業や演習（ゼミ）を行い、学術論文を執筆しながらの、まさしくオン・ザ・ジョブ・トレーニングを通してでした。

そうした人間が経済学の「思考軸」を云々するなんて、身の程知らずもいいところなのですが、本書では、日頃の研究生活の中でふと思ったこと、感じたことをできるだけストレートに書いたつもりです。その道一筋の研究者から見れば、単純な勘違い、的外れのところもありそうですし、私が抱いている疑問は最先端の研究ですでに解決されているのかもしれません。しかし、ここはどうしても引っ掛かる、と思うことも少なくなかったので、それを本書でいくつか紹介し、読者の皆さんと一緒に考えようと思った次第です。

私はこれまで、一橋大学の経済研究所に勤務してきました。経済研究所というぐらいなので、経済の研究をしなければなりません。しかし、私の研究関心はずいぶん前から、経済学が伝統的に扱うテーマから離れ、最近では健康の社会的決定要因、公衆衛生などにシフトしています。そのため、医学や社会学、心理学を始めとするほかの分野の研究者の指導を仰ぐ機会が急増しています。そうした機会を通して、経済学による〝ものの見方〟をほかの分野の研究者がどのように評価しているのかということも少しわかるようになりました。まして、研究者ではない一般の方々が経済学をどのように受け止めているのか、としても興味のあるところです。それも、筆者を本書の執筆に向かわせた大きな誘因です。

筆者は、学者としてははなはだ落ち着きのない雑食派です。読者の皆さんにも、経済学に対して「このような〝ものの見方〟もできるんだな」という軽い気持ちで、本書の内容を受け止めていただければ幸いです。

参考文献

本書の内容に興味を持った読者の皆さんは、例えば次に紹介するような本を読んで、理解をさらに深めていただければよいと思います。

第1章

・岩田規久男（2011）『経済学的思考のすすめ』筑摩選書
・松井彰彦（2018）『市場って何だろう』ちくまプリマー新書
・ダニエル・カーネマン（2011）『ダニエル・カーネマン　心理と経済を語る』友野典男・山内あゆ子訳、楽工社

第2章

・蓼沼宏一（2011）『幸せのための経済学――効率と衡平の考え方』岩波ジュニア新書
・齋藤純一・田中将人（2021）『ジョン・ロールズ――社会正義の探究者』中公新書
・原田泰（2015）『ベーシック・インカム――国家は貧困問題を解決できるか』中公新書
・本書71ページで紹介した「マーリーズ・レヴュー」については、https://ifs.org.uk/

mirrlees-review を参照。

第3章

・NHKスペシャル取材班（2017）『健康格差――あなたの寿命は社会が決める』講談社現代新書
・松岡亮二（2019）『教育格差――階層・地域・学歴』ちくま新書
・小塩隆士（2003）『教育を経済学で考える』日本評論社
・坂井豊貴（2013）『マーケットデザイン――最先端の実用的な経済学』ちくま新書

第4章

・鈴木亘（2020）『社会保障と財政の危機』PHP新書
・駒村康平（2014）『日本の年金』岩波新書
・八代尚宏（2016）『シルバー民主主義――高齢者優遇をどう克服するか』中公新書
・西條辰義編（2015）『フューチャー・デザイン――七世代先を見据えた社会』勁草書房

ちくま新書
1791

経済学《けいざいがく》の思《し》考軸《こうじく》
——効率《こうりつ》か公平《こうへい》かのジレンマ

二〇二四年五月一〇日 第一刷発行

著者 小塩隆士（おしお・たかし）
発行者 喜入冬子
発行所 株式会社 筑摩書房
東京都台東区蔵前二-五-三 郵便番号一一一-八七五五
電話番号〇三-五六八七-二六〇一（代表）
装幀者 間村俊一
印刷・製本 三松堂印刷 株式会社

ISBN978-4-480-07618-2 C0233

ちくま新書

1740
資本主義は私たちを
なぜ幸せにしないのか
ナンシー・フレイザー
江口泰子訳
資本主義は私たちの生存基盤を食い物にすることで肥大化する矛盾に満ちたシステムである。世界的政治学者がそのメカニズムを根源から批判する。(解説・白井聡)

1675
今すぐ格差を是正せよ!
ベン・フィリップス
山中達也/深澤光樹訳
世界人口の1%未満が富を独占する現状は、実は不正義であるばかりか経済成長を阻害し環境問題を悪化させる。この状況はどうしたら変えられるのか?

1622
グローバリゼーション
——移動から現代を読みとく
伊豫谷登士翁
ヒト、モノ、カネが国境を越えて行き交う現代世界で、なぜ自国第一主義や排外主義が台頭するのか。グローバル化の根本原理を明らかにし、その逆説を解きほぐす。

1642
世界マネーの内幕
——国際政治経済学の冒険
中尾茂夫
第二次大戦以降、国際金融を陰で動かしてきたものの歴史を繙き徹底検証。剝き出しのマネーパワーに翻弄されてきた日本が戦ってきた真の敵の存在を明らかにする。

1593
日本金融百年史
横山和輝
関東大震災、金融恐慌、戦時下経済から戦後復興、高度成長、バブル、失われた30年へ。歴史に学ぶことはなぜ難しいのか? 株式市場、金融・経済の歴史を追う。

1610
金融化の世界史
——大衆消費社会からGAFAの時代へ
玉木俊明
近世から現在までの欧米の歴史を見なおし、GAFAが君臨し、タックスヘイヴンが隆盛する「金融化社会」に至った道のりと、所得格差拡大について考える。

1526
統計で考える働き方の未来
坂本貴志
労働の実態、高齢化や格差など日本社会の現状、賃金や社会保障制度の変遷などを多くの統計をもとに分析し、そこから未来を予測。高齢者の働き方を考える。

ちくま新書

002
経済学を学ぶ
岩田規久男
交換と市場、需要と供給などミクロ経済学の基本問題から財政金融政策などマクロ経済学の基礎までを、現実の経済問題に即した豊富な事例で説く明快な入門書。

035
ケインズ
――時代と経済学
吉川洋
マクロ経済学を確立した20世紀最大の経済学者ケインズ。世界経済の動きとリアルタイムで対峙して財政・金融政策の重要性を訴えた巨人の思想と理論を明快に説く。

565
使える！　確率的思考
小島寛之
この世は半歩先さえ不確かだ。上手に生きるには、可能性を見積もり適切な行動を選択する力が欠かせない。確率のテクニックを駆使して賢く判断する思考法を伝授！

581
会社の値段
森生明
会社を「正しく」売り買いすることは、健全な世の中を作るための最良のツールである。「M＆A」から「株式投資」まで、新時代の教養をイチから丁寧に解説する。

1647
会計と経営の七〇〇年史
――五つの発明による興奮と狂乱
田中靖浩
簿記、株式会社、証券取引所、利益計算、情報公開。今やビジネスに欠かせない仕組みが誕生した瞬間を、見てきたように語ります。世界初、会計講談！

822
マーケティングを学ぶ
石井淳蔵
市場が成熟化した現代、生活者との関係をどうデザインするかが企業にとって大きな課題となる。著者はここを起点にこれからのマーケティング像を明快に提示する。

831
現代の金融入門【新版】
池尾和人
情報とは何か。信用はいかに創り出されるのか。金融の本質に鋭く切り込みつつ、平明かつ簡潔に解説した定評ある入門書。金融危機の経験を総括した全面改訂版。

928
高校生にもわかる「お金」の話
内藤忍
お金は一生にいくら必要か？　お金の落とし穴って何だ？　AKB48、宝くじ、牛丼戦争など、身近な喩えでわかりやすく伝える、学校では教えない「お金の真実」。

1006
高校生からの経済データ入門
吉本佳生
データの収集、蓄積、作成、分析。数字で考える「頭」は、情報技術では絶対に買えません。高校生でも、そして大人でも、分析の技法を基礎の基礎から学べます。

1023
日本銀行
翁邦雄
アベノミクスで脱デフレに向けて舵を切った日銀は、本当に金融システムを安定させられるのか。金融政策の第一人者が、日銀の歴史と多難な現状を詳しく解説する。

1130
40代からのお金の教科書
栗本大介
子どもの教育費、住宅ローン、介護費用、老後の準備、相続トラブル。取り返しのつかないハメに陥らないために、「これだけは知っておきたいお金の話」を解説。

1228
「ココロ」の経済学
——行動経済学から読み解く人間のふしぎ
依田高典
なぜ賢いはずの人間が失敗をするのか？　自明視されてきた人間の合理性を疑い、経済学、心理学、脳科学の最新知見から、矛盾に満ちた人間のココロを解明する。

1232
マーケティングに強くなる
恩蔵直人
「発想力」を武器にしろ！　ビジネスの伏流を読み解き、現場で考え抜くためのヒントを示す。仕事に活かせる実践知を授ける、ビジネスパーソン必読の一冊。

1260
金融史がわかれば世界がわかる【新版】
——「金融力」とは何か
倉都康行
金融取引の相関を網羅的かつ歴史的にとらえ、資本主義がどのように発展してきたかを観察。旧版を大幅に改訂し、実務的な視点から今後の国際金融を展望する。

ちくま新書

1274
日本人と資本主義の精神
田中修
日本経済の中心で働き続けてきた著者が、日本人の精神から、日本型資本主義の誕生、歩み、衰退の流れを様々な資料から丹念に解き明かす。再構築には何が必要か？

1312
パパ1年目のお金の教科書
岩瀬大輔
これからパパになる人に、これだけは知っておいてほしい「お金の貯め方・使い方」を一冊に凝縮。パパとして奮闘中の方にも、きっと役立つ見識が満載です。

1316
アベノミクスが変えた日本経済
野口旭
「三本の矢」からなるアベノミクスは、日本経済を長期デフレから脱却させることに成功しつつある。その現状を示し、その後必要となる「出口戦略」を提示する。

1368
生産性とは何か
——日本経済の活力を問いなおす
宮川努
停滞にあえぐ日本経済の再生には、生産性向上が必要だ。誤解されがちな「生産性」概念を経済学の観点から捉えなおし、その向上策を詳細なデータと共に論じる。

1443
ドル化とは何か
——日本で米ドルが使われる日
土田陽介
財政破綻に陥った新興国で進む「ドル化」。自国通貨と共に外国通貨を利用するこの現象を通じて、通貨危機の足音が着実に忍び寄る日本経済の現状を分析する。

1458
図解でわかる会社の数字
——株価を動かす財務データの見方
花岡幸子
財務3表の見方から経済指標の意味まで、株式投資や就職の前に知っておきたい会社の数字の読み解き方をすべてネコで図解。この一冊で、会社の実力を見抜く！

1448
年金不安の正体
海老原嗣生
不満につけこみ、不公平を騒ぎ立て、制度が崩壊すると危機感を煽る。不安を利益に変える政治家や評論家、メディアのウソを暴き、問題の本質を明らかにしよう。

ちくま新書

1779 高校生のための経済学入門【新版】 小塩隆士

全体像を一気につかむ、最強の入門書を完全アップデート！ 金融政策の変遷、世界経済を増補し、キーワード索引でより便利に。ビジネスパーソンの学び直しにも！

1501 消費税増税と社会保障改革 伊藤周平

新型コロナ流行による大打撃以前から、消費税増税のために経済や福祉はボロボロ。ウイルスとの闘いのさなかでさえ、社会保障を切り下げる日本のドグマ。

1032 マーケットデザイン——最先端の実用的な経済学 坂井豊貴

腎臓移植、就活でのマッチング、婚活パーティー!? お金で解決できないこれらの問題を解消する画期的な思考を解説する。経済学が苦手な人でも読む価値あり！

701 こんなに使える経済学——肥満から出世まで 大竹文雄編

肥満もたばこ中毒も、出世も談合も、経済学的な思考を上手に用いれば、問題解決への道筋が見えてくる！ 経済学のエッセンスが実感できる、まったく新しい入門書。

837 入門 経済学の歴史 根井雅弘

偉大な経済学者たちは時代の課題とどう向き合い、それぞれの理論を構築したのか。主要テーマ別に学説史を描くことで読者の有機的な理解を促進する決定版テキスト。

785 経済学の名著30 松原隆一郎

スミス、マルクスから、ケインズ、ハイエクを経てセンまで。各時代の危機に対峙することで生まれた古典には混沌とする経済の今を捉えるためのヒントが満ちている！

1276 経済学講義 飯田泰之

ミクロ経済学、マクロ経済学、計量経済学の主要3分野をざっくり学べるガイドブック。体系を理解して、大学で教わる経済学のエッセンスをつかみとろう！